# 这样上班就对了

薛莉 著

吉林出版集团
时代文艺出版社

**图书在版编目（CIP）数据**

这样上班就对了 / 薛莉著. —长春：时代文艺出版社，2012.1
ISBN 978-7-5387-3709-7
Ⅰ. ①这… Ⅱ. ①薛… Ⅲ. ①人生哲学—通俗读物 Ⅳ. ①B821-49

中国版本图书馆CIP数据核字（2011）第280654号

**出 品 人　陈　琛**
**责任编辑　魏洪超**



**这样上班就对了**
薛莉　著

出版发行/吉林出版集团　时代文艺出版社
地址/长春市泰来街1825号　时代文艺出版社　邮编/130011
总编办/0431-86012927　发行科/0431-86012939
网址/www.shidaichina.com
印刷/三河市延风印装厂
开本/880毫米×1230毫米　1/32　字数/176千字　印张/8.25
版次/2012年4月第1版　印次/2012年4月第1次印刷　定价/28.80元

# 目 录
CONTENTS

# 目 录
CONTENTS

## 第二部分 职场油条期



## 第三部分 职场不惑期

# 前言

MSN上的一位同行名字改为“病假一周”，打电话过去慰问，电话那头却传来一阵坏笑声：没什么病，就是不想去上班。

原来是“上班病”发作了。这种慢性疾病几乎潜藏在每个职业人的神经系统里，一旦发作，就会强烈地刺激浑身的神经末梢，让人无法抑制地怀疑办公桌上那一堆堆永远做不完的事究竟有什么意义。之后是一连串的行为反应：眼看着有一堆电话要打，几个报告要交，下午还有个商务约会，你的手却突然拿起鼠标点开网站上在线观看的无厘头连续剧《武林外传》，戴上耳机后，那一堆堆破事好像不再和你有任何关系。

再刚强的人也会有这样的时刻。记得有天下午，我们那位平时神经像铜管一样粗的女老板突然变得疯疯癫癫起来：来来来，我请大家喝一杯去。时值下午三点，很多酒吧还没有开门。打出租车到一个看得到上海外滩全景的餐厅，被人家礼貌地拒绝：对不起，我们下午不提供酒类。咖啡有吗？咖啡也没有，柠檬水要吗？不要。由于上班病急性发作的时机不太对头，居然找不到酒精来发泄，最后只能在一家咖啡馆里狂灌了几杯含威士忌的爱尔兰咖啡，权作安慰。

但这一次的疯癫行为并没有改变我对这位老板神经粗细的认识。因为那个下午本来就没什么重要的事，而且是一个项目已经结束，另一个项目尚未开始的空隙里的快乐时光。也就是说，她即使是在发泄自己的“上班病”时，也挑选时机和方式。如果说一个任性的职业人宁可置报告的最后期限于不顾，而一味沉溺在怠惰的情绪中时，那么一个相对更成熟的职业人则会选择把这种怠惰的情绪留到一个合适的时机和地点来发作。这大概就是成功的人和不那么成功的人的区别。

最近碰到一个在家里闲了两年的老朋友，在我对他的生活状态表示了高度羡慕之后，他却一声长叹：现在人人都羡慕我这种闲在家里的状态，可是我看到你们忙忙碌碌地打电话、赶报告的样子，却羡慕得要死。

当年这位因为患上重度“上班病”而毅然辞职的老朋友，看来又快患上“下班病”了。

# 第一部分
# 职场懵懂期

- 你 VS 公司
- 你 VS 工作
- 你 VS 老板
- 个人价值 VS 薪水职位

# 第一回合：你 VS 公司

你对公司没那么重要，
再大的公司也没你想的完美

有的人做了香奈尔的公关，买了几件香奈尔后，就以为自己变成香奈儿女士了。这是误把公司品牌贴自己身上了。当你离开这个公司后，你会发现，离了你，香奈尔还是那样，什么都没变，而那些原本对你点头哈腰的人都假装不认识你了。

## 离开公司，你什么都不是

很多供职于体面的公司、拥有体面的职位的人，在公司内被灌输的价值观其实是：别以为销售业绩好是你的功劳，那是因为我们公司的品牌好；别以为产品好是你的功劳，那是因为公司多年来的研发投入大；别以为那么多供应商追捧着你是因为你工作出色，告诉你，你爱来不来，爱走就走，门口等着坐你位置的人正排着队呢……

这种公司文化的形成大概是公司希望在员工内部人为制造点紧张气氛，从而维持工作的高效率。但它的愚蠢之处在于，即使公司对员工再好，也不招员工待见，甚至得到的只有抱怨或报复。

我认识的好几个资深主管就处在这种氛围中，令人诧异的是，他们的公司相当体面，他们的产品不仅体面，而且根本就是奢华高端的代名词。比起和他们做着类似工作的人，他们有更高的薪水、更好的办公环境、更多的培训机会、更多的出差机会和更优越的物质条件，但从他们嘴里你永远别想听到对公司哪怕一丁点儿的正面评价——当然这只发生在亲近的人面前。他们永远在说公司多么多么抠门儿，老板多么多么不作为，待在这里多么多么没劲，而且，一旦外面有好的机会，他们会无情地离开，不留下一丁点儿哪怕是礼节性的感激。在听着他们的抱怨时，我常常想象着他们的老板——那些社交场合被前拥后簇的产业链上的红人——局促地站在更大的老板面前，被数落成什么都不是的情景。

正如孩子身上能清澈地映出父母的影子一样，员工身上也能清澈地反映出一个公司的基本文化。越是被公司蔑视，他们就越是要把自己当成一回事，所谓缺啥补啥嘛。因此他们对供应商和客户十分倨傲，有一种舍我其谁的不屑；对下属苛刻严厉，时刻制造着“你不干，有人干”的压力，对上级则会夸大工作的难度和自己的不可替代性（这个好像不单单是这种公司的个性，而是所有管理层的共性），对外人则会不厌其烦地讲述自己的职位和自己的工作在这个社会甚至地球发展史上的重要程度。

公司把他们弄得很紧张，他们把自己弄得很紧张，把下属和客户也弄得很紧张，尽管这种紧张有时十分可笑。一个大牌公司的市场部主管跟我说过，在做一次新品上市的活动时，仅仅因为椅背上没有绑缎带蝴蝶结，晚上十点时，中国区经理在电话里大叫“完了，出事了”，然后把所有刚刚回家休息的员工召回活动现场——绑蝴蝶结。这次危机处理在事后一定被当成细节管理的重要案例汇报给管理层了，因为这维护了公司品牌所传递的优雅、高贵的形象。为了时不时地让管理层意识到“没有我，就没有代表优雅、高贵的蝴蝶结”了，“蝴蝶结”之类的危机还会频繁发生，甚至人为地频繁发生。

对于员工神经质的紧张，有些公司不仅不会不安，根本就是正中下怀。你的神经质成就我的完美，何乐而不为呢？这种不愉快但高效率的相持直到出现了重大变化才会改变，比如：员工生孩子了，生重病了，或者父母健康出问题了……直到这时，神经质们才会意识到原来生活中还有工作之外别的支点。但毕竟这样的倒霉事不是经常发生，所以还是有很多人继续以精神抖擞的姿态，充满恐惧地活下去，为了让公司觉得自己是个什么东西。

## 不要妄想“不可替代”

我的建议是，工作将在之后三十余年里陪伴着你，因此，首先要找一个喜欢的，就像找老公或老婆一样，更要找一个适合自己的，这取决于你是什么样的人。当然，你将来也可以改行，但成本会比现在高得多。其次，如果以为拥有各种证书就不容易被替代了，那太幼稚了。证书代表的是知识，而胜任一个岗位尤其是中高级岗位，最终靠的是学问。我曾被一个朋友的9岁女儿问：“火烧圆明园的是英法联军还是八国联军？”这是她们小学三年级考试中的一道题目。非常不幸，我答了“八国联军”，结果被9岁女童笑话了一番，但多年的社会经验让我没有因此而自卑。就算在这次考试中我输给了这个9岁女童，我也不认为我的老板会放弃我而雇用她。注册会计师考试也是一个道理。别的企业都在偷税漏税，如果你们不这样做就无法盈利时，作为财务人员，你的建议是什么？类似这种题目的答案，注册会计师考试的教材上有吗？最后，大学毕业，不管去哪个行业都是从助理做起。说老实话，助理的工作都很乏味。谁愿意做那种“别人动动嘴，自己跑断腿”的活儿啊。当然最好是反过来啦。但是就算你再没有想象力，也可以观察你的主管或者你的主管的主管的主管，想象一下自己如果变成他们是否心中足够惬意？这可以帮助你鉴别出究竟是这个行业你不喜欢，还是卑微的助理职位让你讨厌。

谁都知道一个真理，如果在一家公司，有哪个人的角色和职位是“不可替代”的，将是管理上的最大失败。**更准确的说法是，我们都在努力使自己的性价比达到最高：的确有比我便宜的，但是活儿没有我好；也有活儿比我好的，但比我贵很多，并且很有可能待不长。**这个道理跟找终身伴侣差不多：他可能不是最有情趣的，但肯负责任并且专一；她可能不是最漂亮的，但独立上进并且也很体贴。他们组合在一起，安逸和谐，这样的愉悦感，是不可替代的。你和你的工作的组合，也是一样的道理。

## 还认为公司待你不公平吗?

从事医疗器械采购工作的读者Jessica Li在给我的邮件里抱怨了两个问题：一、公司里工程师所在的技术部门地位更高，相比之下，自己从事的技术服务岗位显得微不足道；二、办公室遍布关系户，新来的报关员是董事长朋友的女儿，每天上班就是来八卦，还对人颐指气使，更可气的是，大家还都在巴结她。于是每天辛苦工作的Jessica既得不到同事应有的尊重，又要受关系户显赫地位的刺激，顿觉天下不公。

类似的不公平还有：每次都是我去穷乡僻壤出差，老板的亲信们总是去繁华大城市；公司平均加薪8%，我只加了6%；被提升的那个人明明还没有我能干……这个世界上有让人人都觉得公平的行为规则吗？以最近美国次贷危机中人人喊打的金融高管的天价薪酬为例，美林银行前首席执行官斯坦·奥尼尔，被赶下台时还拿到了1.62亿美元，当整个美国向他举起“耻辱”的抗议招牌时，他自己可能很坦然，首先这是合约规定的；其次他会觉得，如果没有他的努力，美林银行也许会亏得更多。

“不公平”的感觉分为两种：一是只有你自己或你周围极少数人觉得对你不公平；二是大多数人认为对你不公平。在网络上，群众对这两种情况的回应最能说明问题。有人发“在上海月入万元的悲惨生活”的帖子，不仅得不到同情，反而尝遭“找抽”待遇；而杭州一个年轻人被汽车撞死，现场交警有明显的包庇肇事者之嫌后，网上顿时讨伐声一片，并最终迫使相关部门重新查实。公平不公平，群众的眼睛是雪亮的。

然而就算是再厚道的人也会发现，“不公平”的的确确出现在我们周围每一个可能的生活细节中。拿我自己的经历来说吧，在一个北京的五星级酒店里，当我和英国飞来的同事一起拖着行李进入房间时，有服务生跑过来主动帮英国同事拎行李，好像我根本不存在一样。我跟英国同事调侃了这件事，这个学习政治学的博士若有所思地说：**“一个好的制度，应该把人性的弱点考虑进去。”**因为有人性的弱点，酒店服务生也许认为，欧美人给他小费的可能性比我这个亚洲人更高，事实上他如果真这么考虑将是英明的，因为我的确经常忘记给小费，毕竟周围没这个风俗习惯。但他的行为，至少影响了酒店在一个客人心目中的形象，并很可能被这个客人投诉在网络上，或写在杂志上，因而引起严重后果。同样，因为人性的弱点，有人会违背自己的心愿，在六一儿童节不陪自己的孩子，却去陪单身的老板打羽毛球，并表现得很开心；或者，因为知道新来的同事是董事长的关系户，而纷纷献殷勤。好的制度能成功地屏蔽掉这些弱点。我曾经介绍实习生给上海通力律师事务所的前合伙人陈青东先生，他说，他们公司规定，需至少三位合伙人面试实习生，并一致通过才能录取。因此，虽然身为七大合伙人之一，他也不能擅自聘用不合格的实习生。如果有这样的制度担保，就算新来的报关员是董事长朋友的女儿，你也没有理由相信这是任人唯亲，除非收集到足够的证据。

即使是**最优秀的公司也没有完美的制度，**因此我十分尊敬那些用自己的努力甚至是某些程度的牺牲促进制度走向完善的人，比如因为英国的《每日电讯报》刊登的“报销门”丑闻，英国议员的“第二处住所补贴政策”将被改进。这一事件还使得英国各党在竞选纲领上纷纷重点强调“清廉”，受益的当然是老百姓和纳税人。所以亲爱的Jessica，**如果你真是遭遇了制度不公，消极一点至少可以明哲保身；积极一点，不妨试着努力发出点声音，看看能不能因为你的努力让制度得以改善，这也许是比你的工作大得多的事业，并绝对能为你带来包括那些牛气冲天的工程师的尊敬。**

## 你的价值真的被低估了吗？

**工作中最郁闷的事情之一就是，你觉得自己才高八斗，学富五车，完全是治国领军的奇才，但在别人的心中，你也许有那么点特色，比如文笔还不错，人挺老实，名牌大学毕业等等微不足道的特色，但与你的自我评估绝对有天壤之别。**

不知道你发现了没有，人们好像总是过于苛刻地看待别人的优点，又总是过于慷慨地对待自己的缺点，所谓严于律人，宽以待己是也。因此对他人的好评存在过高期望值的人，首先应该自我检讨心理的成熟度。但好在职场除了“好评”之外，最重要的评定标准还是薪金和职位，因此可以不断用这两个硬指标把自我评估调整到最准确。

我的观察是，对自己适当地高估一点是有益的，一是可以争取到更好的职位和薪水——至少胆子大，敢开口嘛；二是可以迅速帮助自己提高——占领了制高点后，才有机会比较出自己的不足。但过于高估自己则是有害的，容易给人眼高手低的坏印象，搞不好还会被视为人品有问题。

事实上一些职场新人的价值的确被低估了，因为当前中国职场对工作经历的估值过高，尤其是在名牌企业的工作经历，哪怕只有一年，也可以翻几番拍卖掉。以前我有个很能干的同事，从大学毕业起连续三年和其余同事一样每年以8%的速度加薪，结果可想而知，人家在第三年以三倍的价格被竞争对手公司挖走了。后来我听说有的咨询公司对新招来的大学生的加薪在头两年大幅提高，这一定是因为受够了培养一个就被高薪挖走一个的痛苦之后得到的教训。

至于名牌企业工作经历被高估的现象，我也遇到过。印象比较深的一例是，一个4A广告公司的资深广告创意人士，竟然在一个民企广告公司老板那里，拿着五万的月薪，做一本难看的杂志。他的经历说明，在一个带着光环的公司的工作经历和满嘴的专业英文术语，在一些本土企业家的眼里，还是挺值钱的，但真相迟早会被揭穿的。那本杂志在诞生一年零两个月后就夭折了，被高估的价值当然也被市场打回原形。

英文能力的价值被高估了，这导致一些很有实力但英文不好的人的价值被低估了。因为对英文没有自信，我在一些私营小企业见过好多能干的人拿着不高的薪水做着外企里至少两个人做的事。而实际的情况是，在外企工作过的人也不见得英文就好，英文不好不见得就工作不好。

对市场行情有个准确的判断，从而给自己找个好价位的位置当然是明智的，但维系并且让自己的行情不断升值，就是另一个大系统工程了，需要用一生来探索了。

## 公司完美了，要你干吗？

去年毕业的心理学专业Season来信说：8月底找到一份猎头助理的工作，很开心地去做了，希望能融合心理学和猎头积累的经验来作心理咨询或者职业生涯规划咨询。可能是因为对咨询业的主观喜爱，当一家我在大学时代就很想进入的知名咨询公司有猎头的工作机会时，我没来得及考量太多就过去了。进去后才发现里面猎头部门的管理太混乱，而我离开上一家公司的时候经验积累不够，无法独立开展工作。他们没有人才库，主要靠打Call，而打Call是我在上一家公司很少做的，因而毫无技能可言……我意识到，如果我真想做好猎头，我还是应该回到猎头公司做。但距离我入职这家咨询公司，也才不到两个月……

Season的经历，部分程度上可以解释为何职场上永远有一群“跳蚤”。我个人认为，Season的困惑主要来自以下几方面：

一、对公司期望过高。

最好这是个知名公司，这样在寻找下一份工作时，不需要过多解释就能让人信服自己的工作能力。这个知名公司最好管理得井井有条，工作责权利清晰明了，不至于让自己做许多不知道最终能否归为自己业绩的工作。薪金略高于市场水平——我相信Season第一次跳槽时，知名公司开出的薪金待遇肯定是高过第一份工作的，而且工作内容还得是自己尚未掌握的，在资深同事的帮助下，自己的经验值稳步提高……**你以为公司是慈善机构，专为职场新人提供业务培训，而且还发薪水吗？**事实上，目睹知名咨询公司在开展新业务初期的混乱局面，也许正是快速增强经验值的捷径，能够在巨人的肩膀上参与“创业”是很多人梦寐以求的机会。尽管这也意味着加班、混乱，但你将有幸目睹“知名公司”如何利用已有的平台为新部门提供帮助。

二、对自己应有的付出期望过低。

打Call很初级吗？就算很初级，对一个刚工作四个月的职场新人来说，难道不是很合适的工作吗？事实上，如果我是猎头公司主管，我绝对不会让刚工作四个月的职场新人给猎头对象打Call，而只会让他们去扩大信息库，并核对人才信息。对的，比Season抱怨的还要初级。有很多猎头公司的职员甚至连猎头目标的工作头衔究竟对应着什么工作以及大致享受着什么样的薪金待遇都搞不清楚，这真的很难说服人跳槽，更别指望他们直接服务好客户了。我见过一家小猎头公司的创始人兼总经理是怎么搜集人才库的。那是在CIMA（英国皇家特许管理会计师公会）的会员聚会上，来者多为跨国公司或民营公司C级以上的高管。他设法混进了聚会，换完名片就闪了，然后顺便去看看这家酒店里是否还有什么别的酒会。

我有点迷惑，在Season的想象中，自己从事的猎头工作应该是怎样的情景呢？轻点鼠标，从人才库里搜索出合适的人，然后就等着客户签单吗？

三、对每份工作能带来的收获估计不足。

Season的第一份工作能带来专业的猎头工作经验；第二份工作则提供了开拓工作的各种可能，更能锻炼各种工作能力。可惜Season只看到了两者的缺点，前者平台不够好，后者平台不够完善。这就好比找约会对象，如果对方长得好，家境好，工作好，人品又好，人家还会看得上你吗？

正是因为中国猎头行业尚未规范，我周围有几个朋友正转战该行业。还好Season没有透露所在知名咨询公司的名字，否则不知会有多少人杀将过来，哪里还有Season的位置。

## 你常常忽略的工作附加值

从世界500强公司辞职后自己当老板的李先生感慨道：以前出差住的都是君悦、四季，现在好了，全部换成如家快捷。但从他的言谈举止，你依然能够感觉到这是个见过世面的人。毕竟他知道君悦洗手间的装修风格、哪个航空公司头等舱的红酒最好或者和欧洲总部的高层们聊些什么样的中国话题最能引起他们的兴趣。你很难判断出，他气宇轩昂的神采，究竟是得益于他超人的智慧和能力还是世界500强公司给他的福利和待遇。

我见过两个大学里同班的人，一个是大公司的部门经理，一个是私人公司的副总经理。如果谈到收入，后者应该胜过前者，但有趣的是，因为享受惯了公司的福利待遇，部门经理如今自己休假都习惯性地选择五星级酒店，而副总经理则觉得五星级酒店和自己没有关系，并认定部门经理的行为完全是虚荣心作怪。副总经理谈生意是一把好手，但一遇到来自欧美的客户就习惯性紧张，不仅仅担心自己的英文不够好，也突然开始怀疑自己的专业素质，而大公司的部门经理因为用惯了洋文，看熟了老外，完全不觉得老外比自己更有优势，因此即使在联合国大堂也是一脸的从容。

出差究竟住五星还是如家，对睡眠和休息的影响其实并不大，但对于人的心理影响却极大。前者很容易觉得，自己和各种肤色的商务人士并无二致，因而无论是在纽约还是东京，都容易在心理上建立五星级的自信心和优越感，而后者有时会莫名其妙地胆怯，不知道是因为住的星级不够高还是接触的肤色不够多，抑或是见过的大老板在国际富豪榜上的排名不够靠前。

但正如一位美食鉴赏家讲的，懂不懂鉴赏美食是一回事，有没有吃过是另外一回事。言下之意是，你可以不在乎五星级酒店的种种设施，你也大可以说如今的经济型酒店一点不比君悦差，但前提是两个酒店你都体验过才行。工作可以帮助你不用花费自己的钱就能得到这种体验。

事实上，工作所带来的附加值绝对不限于五星级酒店的体验。**因为工作，你有机会在年终聚会的时候喝到一个世纪前的藏酒，从不同肤色的同事那里领悟到各国的文化差异并成功地让自己国际化，还能见到各种各样有趣的人。**

上文提到的私人公司副总经理的老板赞助了舒淇主演的电影，从而得以一睹舒淇芳容，并且合了影。这一小小的福利被见惯了大世面的大公司部门经理羡慕不已，因为他迄今为止还没有目睹过影视明星的真容，更不要说像舒淇这样的大明星。在听说这个艳遇的那一刹那，他几乎想和平时不太看得上的同学换一换工作，为了和舒淇合张影，住如家就住如家吧。

## 感冒吧，公司请客！

有个促狭鬼在提到如何利用公司资源时，曾对饮用水开炮。他说，在办公室加班到很晚的时候，可以用它洗了脚再走。

虽然靠山吃山，靠水吃水，如此用水，未免小气了些。

还是制药公司大度。他们绝对不会浪费水，就像不会浪费自家的产品感冒药一样。成本一角的药片，按市值换算成两元一粒，用简易的塑料袋包装起来后，每月免费发放给员工50片，折现一百元。去老同学家做客那天，正好伤风，喷嚏不断，于是有幸享受了一包。吃不了，兜回家。鼓鼓囊囊一袋子，可以治五六次感冒。

就像武大郎卖烧饼，卖一个，保本；卖两个，净赚。卖不完的，带回家给老婆吃。

所以化妆品公司鼓励员工多多涂粉，尤其是自家产的，并不惜以一两折的成本价倾销给职员；饼干公司的员工一定见了饼干就逃，吃怕了。有个卖男性保健品的老板开玩笑说，实在没卖掉的，送给员工亲戚朋友，提高私生活质量，也是好的。

做媒体的，就只好用空着的广告版面换点实惠：机票、口红、公寓房、酒店房间、健身卡、减肥药等等。年终时给记者编辑搞个联欢摸个奖什么的，也算是年终奖吧。我想起在出版社工作的时候，花两百元买的一套百科全书，厚厚精装20大本，满满一箱子，从买来至今一直在书架顶层站岗放哨。装潢公司的人看了很眼馋，问我可否以同样的价格给他们也买几套。这种文字装饰品，比一幅画、一个雕塑之类的，品位又高了一个档次。

公司的资源，实在是无限的。就连在心理门诊实习的大学生也懂得利用。解剖感情的情感专家，收费每小时两百元。大学生青春当头，感情问题多多，有事没事找专家聊聊，不知省去了多少咨询费。

## 野蛮面试淡定姐

这样的面试，我经历过一次。

那是应聘一家外资公司。面试结束后，老板照例说一周后给消息。于是所有的应聘者作鸟兽散。离家一公里时，我接到他的电话，告知我被录取了，然后跟我确认薪金数额，并叫我调转车头，回去参加新产品上市的头脑风暴会议。

记得我当时镇定地对着话筒说："您说的薪金是税后的，年终双薪，对吧？"

一个朋友遇到的情况更刺激。他应聘的职位是电脑公司程序员。面试完，他紧张地问考官："我什么时候能得到回音？"考官微微笑道："现在。"然后给他发了电脑，叫他马上开始工作。

进了公司才知道，**招聘永远是匆匆忙忙的。领导一般不挨到最**

**后一刻是不会轻易放出一个职位编制的。**因此才有了上述情景。但另一个有趣的现象是，一方面应聘者的简历雪片般飞来，另一方面招聘方总为找不到合适的人而头大。双方就像恋爱扶贫对象一样，怎么都对不上。

我的老板高薪招一名助理时，面试了上百人依旧未果。后来知道，他总是嫌应聘者学历太高、志向太远大。这给他不安全感，怕他们屁股刚坐热就要跑。他的经典提问是：“你想怎么做好这份工作？”他心目中的理想答案是：“我只想把你所说过的每一句话都记下来。”据说这个答案是现任GE公司董事秘书的原创。以秘书身份进入董事会的，这位女士还是第一人。可应聘者的回答往往气势磅礴、心志高远，给人一种“不当将军的士兵不是好士兵”的感觉。遗憾的是，老板需要的就是那个意义上的不好的士兵。

朋友在广告公司面试了几个平面创意后，愤愤地说：“围巾永远戴在脖子上、耳环永远穿在耳朵上，一点创意都没有。”

我记得，他当年参加面试的时候，也是这样子没创意的。

## 新效忠精神

在一家公司待多少年才算现代标准的“忠诚”？我不知道标准答案，但知道两年以下，一定不算。

那是因为有一次我和我的老板一起面试一个人时，那人方方面面都不错，等他出了门，我的老板却对我说：这个人怎么能要呢？你看他的简历，以前的三份工作，没一份超过两年的。

两年？从日本回国工作的女经理对这个数字非常诧异：怪不得那些年轻人跳来跳去的。在她看来，十年之内换两份工作已经可以拖出去枪毙了。但她很快发现，如果按她的标准，整个中国可用的人才十有八九将倒在她的枪口之下。

面对新兴活跃的中国就业市场，她试着用“两年”这个通行标准来挑选员工，并使了小伎俩，希望以此激发，或者说掠夺员工的忠诚精神。她的伎俩是，向员工半卖半送她的私人公司的股份，条件是五年以后，员工可以按当时的价格再卖给她。而且她摆出一种大无畏的姿态，就算公司将来亏损，她也将按原价买回员工手中的股份。也就是说，公司将来越做做大，员工的股票一定赚钱，公司将来越做越小，员工至少可以保本，亏了利息而已。当然，条件是五年之内员工不得跳槽。

可惜她的员工对她的“大无畏”并不领情，反而有许多抱怨：买吧，从此被套牢，如果五年之内离职，就意味着经济损失；不买吧，显得缺乏忠诚度，好像认定了自己做不满五年。甚至有些员工因此被激发起民族意气：这绝对是从日本人那里学来的小家子气的伎俩。

这种伎俩的确不够大气，但绝不是日本公司独有的。事实上，很多公司希望用随着工作年份而递增的福利、期权或者升职空间笼络住资深员工。但如果希望用经济束缚来留住人的话，就像企图用婚姻制度来留住爱情一样苍白无力。

比如那位从日本回国工作的女经理的公司里，买股份的人很少，大部分人抱着“不忠诚就不忠诚，大不了走人呗”的心态权且留在她的公司，顺带骑驴找马，寻找更好的下家。看上去这个伎俩像是起到了“搬起石头砸自己的脚”之用。

最近一直想跳槽的做酒店公关的朋友，在去面试了新公司并准备签约之后，突然又决定不走了：“我交了辞职信之后，老板找我谈了一次。”谈话的结果是给她加了薪，但同时也给她多加了一份工作，于是她决定继续为原公司效忠，原因是“做生不如做熟啦”。据说她所在的公司在员工离职时总是谈一次话，然后根据员工的要求做最后的努力：加薪、调换部门或者不加薪只加工作量……并因此留住不少人。甚至还有员工在变节后不久，又重新回来效忠的。

看来并非现在的人都没有忠诚度，而是现在的老板们不愿意或者没时间去了解：为什么员工不再忠诚。

# 第二回合：你 VS 工作

工作和事业是两码事，
我们常常对工作索求太多

许多人一谈起工作，就言必称“事业”。其实，工作就是一份工作而已，是养家糊口的营生，与“事业”本无太大关联。只是“工作”在生活中所占时间太多，没时间搞事业，错把工作当了“事业”，以致工作事业两无成。

当你对工作产生了感情的时候，当你差点就认为你遇到了自己一生的事业的时候（动什么，不能动感情？）突然发现，它根本不是那么完美，一旦与之亲密接触，你就开始发现各种缺点，你开始讨厌它，厌倦它，恨不能赶紧摆脱它，差点忘记了它只是一个不懂得任何情感的饭碗而已。

## 工作事业大不同

奥地利作家弗朗茨·卡夫卡（Franz Kafka）生前的工作是半官方组织“劳工事故保险局”文员，但他为世人所知的最重要身份却是风格惊世骇俗的小说家。尽管他在工作中人缘不错，也曾在12年的时间里从“助理员”被提升到高级职位的“总秘书”，但这份工作对他来说，仅仅是一份提供衣食住行的工作而已，因为他并不喜欢这份职业。他真正愿意不计代价投入时间与精力的是写作。虽然他在世的时候，写作并未为他带来任何名誉与利益，但这才是他终生的事业。

卡夫卡的事例可以提供区分工作与事业的三个标准：**一、是否真心喜欢；二、是否不计回报；三、是否可以延续终生，矢志不渝。**

**只有工作才会退休，事业是永远不会退休的。**作为教师，你可以一直教到生命的终点；作为管理艺术的爱好者，你可以在65岁退休后依然提供管理咨询——美国《财富》杂志作过一个“新退休理念”的报道，不少企业高管都表示乐意在退休后依然从事咨询类的工作，主要不是为报酬，而是希望继续实现自己的价值；作为工厂的钳工，你可以试着把废铁丝钳成手工艺品——我在上海南京西路路边的一位老人那里买过这种东西，摆在家里也很别致，还带有

“环保”的时尚标签；作为南京长江大桥附近的杂货店店主，你可以经常上桥看看，说不定能挽救一些人的生命。 江苏宿迁人陈思就是以此为事业的。从2003年开始，他每个双休日的白天都守望在大桥上，搜寻心事重重的徘徊者，随时准备把他们从死亡线上拉回来。将近七年的时间里，他救了160多人，现在他有一个私人博客“大桥日记”，讲述一个大桥自杀救助志愿者的所闻所见。

让陈思坚持下来的动力是一种个人价值实现的满足感，这也是他多年来为了继续帮助被解救人生存下去，甘愿自掏腰包的原因。用马斯洛的人类“需求层次理论”可以解释陈思做这种吃力不讨好的事的心理动机——一切为了自我实现，这在某种程度上和那些每天坚持九点前到办公室的亿万富豪是一样的。

不是每个人都活在这个层面上的。基本的生理、安全、社交的需求被满足，已经算是幸福人生了，如果尊重的需求再被满足，就算活得很成功了。只有极少数人才愿意为虚无缥缈的自我实现再继续付出努力，这种努力的结果，用马斯洛的话说就是能得到生命的“巅峰体验”。而这种快乐，应该比升职加薪更持久。

跟拥有事业的人交谈，不仅十分愉悦还很有美感。因为不再受世俗标准的衡量，一切皆源自内心的渴望，并且可以永无止境地努力下去，这会使整个过程充满挑战和想象力。在爱尔兰的贝尔（Birr）城堡庄园，我见到过热衷栽培植物的罗斯伯爵。在从联合国退休后，他专注于从世界各地搜集奇花异草。他的花园中已有50种树木被列为“不列颠群岛冠军”。因为支付不起巨额的遗产税，很多爱尔兰的城堡主人都将城堡租售给了政府或大集团。罗斯伯爵和他的儿子也有工作，分别是联合国的官员和房地产商。工作的经济收入，以及开放部分城堡供游客参观，让他们得以保有这座珍稀植物园的所有权。

如果渴望得到一份工作为的是薪水，渴望升迁为的是社会的尊重，那么**拥有事业为的则是释放自己的所有能量，看看自己的智慧到底能走多远，**这是个甘心付出、不求回报的过程，因为在实践自己所想所思的过程中，已经可以品尝足够多的快乐。当媒体蜂拥而至报道陈思，各种非议也随之而来的时候，陈思也摇摆过，迷惑过，一度怀疑过自己。但在两周的“离职”后，他又回到了大桥上，继续自己的使命。因为这已经是他生命的一部分，就像他的妻子和孩子一样。这种快乐，也许是旁人无法理解的，却已经点亮了他的生命。

## 我们为什么总是讨厌自己的工作

我的工作邮箱经常收到别人群发来的励志邮件，用漂亮的PPT文件制作出的人生格言之类。比如激励着很多人的、奥美广告创始人大卫·奥格威的名言：“活着的时候要快乐，因为你会死很久。”比如看上去没这么高贵，但更实际的工作3F定律：**“好工作应该具备三个F——Fun（趣味）、Fame（声望）、Fortune（财富）。”**

这种看上去像真理的名句的问题在于，单独看其中一个，都很正确。看得越多，人越迷糊。为什么因为死很久就一定要快乐呢？真的有一个工作能够趣味、声望和财富三位一体吗？

有这种略显激愤的质疑是因为周围有很多讨厌自己工作的人。比如当年的中文系才子，如今是一家能源公司的高管。他现在的工作已为他带来足够的声望和财富，举个例子吧，他拥有的特权之一是他的专车可以直接送他到机场的停机坪。这种漫不经心提到的小细节往往能从听众的神情上收获极大的快乐。但遗憾的是这份差事没什么趣味，所以他闲时喜欢找文化圈的朋友谈天说地，并表达一些想写点什么的欲望。然而真的约他写点什么时，他又会慎重地拒绝——理由是写文章这种差事在现今的中国既带不来声望也带不来财富，虽然有趣，虽然写完之后会感到快乐。

我还遇到过一个讨厌自己工作的法国人，他在一家化妆品公司做市场推广。酒喝多了后，他会这样描述自己的工作："就是变着法儿骗那些女人今天把脸涂红，明天又再买蓝的涂上去。"除了自己看不起自己的工作之外，舆论给他工作的评价也让他承受着不少压力。比如在社交聚会上，一旦换过名片，美女和周围人的目光便被名片上写着"资本"、"金融"、"咨询"等字眼的人吸引过去，一个身处化妆品行业的男人便备受冷落。

更多的讨厌自己工作的人根本不知道自己喜欢什么工作，或者是远远地看着喜欢，稍微走近一点后又发觉其实并不喜欢。这种情况在大学刚毕业时最为普遍。太多的年轻人最喜欢问的是：我怎么才能进那家大公司？哪一份工作更有前途？他们还来不及关心：我会不会喜欢这个工作？

那么到底该怎么对待自己的工作呢？我想所谓的财富、声望和趣味与人生不同阶段的需求有关吧，不同的时候，需要不同的优先序列，或许这是个虽然中庸却比较实际的答案。

## 高雅着饿死，还是变俗了生存

先做展览，后做公关，最近又改做网络时装名品直销的前同事对我感慨，越是看上去很美的生意，越是赚不到钱；越是看上去俗不可耐的生意，越是来钱。比如，离奢侈品越近，她越是发现做奢侈品生意赚钱很难，钱都被豪华商场赚走了；反而是那些制造并销售看上去俗不可耐，也没多少人知道的牌子的衣服的人，身家个个过亿。

类似的感慨我听到过很多次了。比如一个做塑胶礼品的人，通过关系好不容易找到一个计生委的人，结果人家看在朋友面子上才订了几十个，还有附带条件，希望他们接下一个制造供免费发放的避孕套的单子，量很大。为了维护关系，礼品制造商很不情愿地接受了条件，最后的结果是，那几十个主打产品没赚到钱，几百万个避孕套，倒赚了不少。

文化产业也一样。电视制作人向我诉苦，本来想做一档高雅的文化时评节目，可是收视率的结果显示，如果嘉宾们相敬如宾，温文尔雅，收视率就上不去，而嘉宾若像“超女”的评委一样吵得翻了脸，最好像包小柏那样当场宣布老子不干了，收视率就会一路狂飙。这就是为什么越来越多电视节目里吵的吵，哭的哭，骂的骂的原因。俗吗？很俗。可是一般观众都是一边看，一边骂它们俗。骂来的收视率也是收视率啊。有收视率才有广告收入，没有收视率就意味着这档节目很可能会关门大吉。

高雅着饿死，还是变俗了生存，这在目前似乎已经不再成为问题。先活下来再说，会成为生意人的第一选择。

所以有位书商对我说，现在我们做的书，书名越俗，卖得越好。看看现在畅销作品的名字《和空姐同居的日子》、《裸婚》、《求医不如求己》，不是大实话就是往猎奇惊悚上靠，相比之下，六六的《蜗居》，书名已经是文艺精品。大概是被席卷全中国的川菜、湘菜的红油剁椒轰炸惯了，如今大家的胃口都比较生猛。斯文淡雅的书名，引诱不起人的购买欲。比如我现在看的《水流云在：英若诚自传》，若不是朋友推荐，估计我也不会买，名字太素淡，留不下印象。

虽然书市的这一规律我已有所耳闻，但是当出版商给我的新书取名为《成功是个什么玩意儿》时，我的第一反应还是“天哪，不行”，就像得知自己的孩子被取名为“富贵”一样。但是经过出版商循循善诱的教导以及“销售部对这个名字很有信心”之类的疑似威逼利诱后，我还是妥协了，如果这个名字真的卖得动的话。怕就怕名字取得俗了，卖得还是不好，实际上这种可能非常大。媚俗也是有风险的。

有些诗人书商选择用这样的方式来平衡金钱和艺术的关系。白天他们出“什么玩意儿”之类的书，赚眼球，赚销量，晚上回家在博客上写后现代的诗。这些诗不供出版，不为赚钱，只留给自己看。那些心心念念想做高雅生意的人，大概可以参照这个玩法，不求回报地将高雅供养下去。

## 没有了成就，当然没有成就感

在我收到的读者求助邮件中，数量最多的主题是如何找到一个“好工作”。通常“好工作”要具备以下条件：工资待遇高，公司体面，工作强度适中，工作内容有趣……排第二位的当属“该不该跳槽”的困惑：工作遇到了瓶颈，现在有个新机会，当然，你肯定猜到了，后面跟着一个“但是”——新工作有可能不稳定，有可能被派遣到另一个城市，担心自己不适应，并且也许会非常忙。排第三位的问题，就属“没成就感”了。很多人对自己的工作没成就感，尤其是初入职场不久，尚未建立起人脉和个人品牌的新人，或者眼看着比自己入行晚却爬得比自己快的老人。

通常我不会回答这些问题。因为在我看来，这些所谓的“问题”，真正的根源只有一个，就是对工作的期望值过高。他们眼里的工作就像一个段子中20岁女人眼里的理想丈夫，“他最好帅，有钱，风趣，愿做我忠实的听众，品位高雅，衣着得体，狂野浪漫，时不时给我惊喜……”而到了40岁，这个理想会被修正为“看上去还像个人，秃子也行；等我上了车才开车；搬得动家具；上完厕所能把马桶盖归位……”而眼下的这场经济危机，也许能让这些活在

20岁女人幻想中的职业人快速成长。

据英国《金融时报》的专栏作家露西·凯拉韦分析，要求工作本身要有意思，还要求工作应该有意义，本身就是富有的专业阶层病态的想法。在她看来，**工作就是工作，就是在完成雇主要求的同时，获取食物和住房的报酬，除此之外的任何收获都应该视之为额外盈余。**而且她发现，在金融危机引发裁员风潮后，这类“工作没成就感”的痛苦的抱怨声减弱了很多。

虽然很尖刻，我还是很赞同她的理论。并且我猜测这些觉得工作没成就感的人大概是看多了媒体上坐在红沙发和聚光灯下成功人士的采访，幻想着不用通过任何努力和冒任何风险——即没有什么“成就”，就能享受到他们的“成就感”。

还有一种操作性更强的方式可以解决这种心病，就是学会享受自己的工作。我在欧洲多次遇到这样开心的人。在伦敦的康登集市(Camden Market)，一个喝啤酒的泥瓦匠老头儿冲我大叫：“嗨，又见到你啦！”开始吓了我一跳，后来才知道是逗我玩儿。他介绍自己从威尔士过来打工，因为这里工钱给得高，而自己的技术又很好（说这句话时他相当自豪），他对自己的工作很满意，正打算把太太接过来长住。在爱尔兰一家踢踏舞主题餐厅遇到的一位老太太服务员也很有意思，当时已是晚上十点，她一边利索地帮我们换着盘子，一边还在欣赏台上的舞蹈表演，并且脚底下也没闲着，在练着舞步，对我挤眉弄眼地说：“我刚学的。”我当时的想法是，如果我有她一半的工作热情和态度，一定比现在有成就得多。

如果这样的方式依然解决不了“没有成就感”的困惑，那就什么有成就感就去干什么吧。不过，千万不要再纠缠于什么“但是新工作可能会不稳定”、“然而我会被派驻深圳，与太太分开”、“这个事业做得不好可能没什么收入”……天下什么馅饼都同时掉下来给你，你就有成就感了吗？这样的成就感也太廉价了吧。

## 爱上会做的事，很难吗？

在经商惨败，背了上亿元新台币的债务，又终于还清债务，一步步走出谷底后，台湾主持人曹启泰说：我发现我天生是个主持人的料，我热爱这个工作，并且为自己的能力而自豪。这个发现在外人看来也许很可笑，他不是早就该在二十年前知道了吗？事实上他那时不知道。在主持生涯走上巅峰的时候，他认为他的兴趣是经商，而主持只不过是一个无聊的、无趣的，甚至面目可憎的赚钱工具。我问过他：你干吗去做那些亏本生意啊？他说：年轻嘛，总想试一试，不试怎么知道？这让我想起那种兜兜转转到最后才发现原来真爱是初恋的爱情故事。

这样的故事还有很多。离我远的，比如大导演科波拉，是为了还华纳的债才接拍他根本不屑拍的“黑社会”片《教父》的。他的理想是拍艺术片，虽然这些艺术片让他亏了很多钱。当然他很幸运，他所钟爱的《现代启示录》同样也让他名利双收，尽管赚得比《教父》少多了。离我近的，比如一位做服装面料生意的朋友，突然爱上了心理咨询，觉得面料生意不过是用脚也能把玩的挣钱的营生，不值得花太多注意力。他也是砸了不少钱在心理咨询上，当然，颗粒无收，然后面料生意又一落千丈，于是陷入低谷。直到这个时候，他才发现，其实自己对面料生意是有激情的，因为有人告诉他，提起面料，他的眼睛就会放光。

每个人都有和自己较劲的时候。想做的事和会做的事，总是南辕北辙。总的规律是，当一个工作顺风顺水的时候，它带来的满足感和成就感就越来越少，这时另一个看似能带来更大满足感的梦幻工作就会应运而生。当然，这个梦幻工作对大多数人而言都是海市蜃楼，中看不中吃，甚至是要赔进整个身家的。这种现象，经济学早有解释，叫“边际效用递减”[1]；这种心理，也早有古话总结，叫喜新厌旧。

好像现在讨厌自己工作的人有很多，不知有多少是因熟生厌的。我记得十多年前认识过一群热爱讨论电影的人，他们有的来自国际知名咨询公司，有的是供电局的，反正都是一群跟电影毫无关系的人。几年后，他们中真的有人做了电影杂志的主编。可是在当了主编几年后，我又有幸见过这人一面，已经和诸多电影媒体从业者一样没有激情了。现在他已经证明做跟电影有关的事是他会做的，不知是否依旧是他想做的。

我绝不是强迫你爱上你会做的工作。但在**追寻你想做的事时，最好不要完全丢弃你会做的那些事，尤其是那些你能事半功倍完成的事情。当你追梦受挫时，那些“旧爱”很可能让你从谷底再度翻身。**

---

1　经济学的一个基本概念，它说的是在一个以资源作为投入的企业，单位资源投入对产品产出的效用是不断递减的。

# 从来学不会珍惜的“饭碗”

除了财经电视频道里经常坐在红沙发上斜着身子接受主持人访问的大佬们外，我在现实生活中很少见到至少口头上珍惜自己工作的人。比如，一个供电局的财会人员在提到自己工作时很不以为然地说：很无聊的，饭碗而已。这个漫不经心的“饭碗”究竟有多重要呢？从被裁员后的人身上可见一斑。一个最近被裁员的网络公司事业发展部前员工对我说：他一改原先早上闹钟怎么闹都不醒的常态，如今就连周末都是早上七点准时醒来，虽然对他来说，如今天天都是周末，醒来干吗呢？上上网，到处贴贴简历，请朋友们推荐职位，愁一愁下个月的网费怎么付……无非是寻找饭碗及为失去饭碗而发愁。看来拥有“饭碗”时的幸福感虽然很有限，但失去“饭碗”后的痛苦却比想象中大百倍。

**“饭碗”带来的是温饱。一般处在温饱状态的人不会对温饱感恩戴德，而是想得到更高远的东西：比如奢侈的住宅和物品，遥不可及的志向和欲望，一呼百应的虚荣心和号召力。**这就是为何在餐馆每张桌子上，谈论的话题都比较大的原因。在一次记者同行的聚会上，大家谈的是中国新闻业的深度市场化改革议题，座位上的每一个人都很像宣传部的官员，仿佛已经制定好了未来的中国新闻业格局；一个MBA聚会上，话题是中国A股市场及创业板的未来，哪怕只投了2万人民币的散户也在发表中国股指走向的宏观概论；而我遇到过一个25岁初入房地产市场做销售的小伙子，他热衷的话题是土地买卖，他有个关系，手里有几百亩地，问我能“消化”多少亩。当然，比起谈及每天如出一辙的工作琐事，这样的话题肯定更刺激，更富戏剧性，同时也让日常工作显得更黯淡。试想一个刚刚定下中国新闻业改革走势的人，怎么能甘愿再回报社值夜班，只为查出稿件中的“的”字是否被写成了“得”字呢？这个时候，谁还会想到每月养家糊口的“饭碗”所依靠的正是把“的”改成“得”，而不是靠制定中国新闻格局呢？

与这些更热衷于寻求纸上谈兵快感的人相比，善于从本职工作中发掘快乐的人幸福感会更高，而且更容易留住手中的“饭碗”。比如我见过的一个快递员，在交给他一个快递时，他兴奋地说了一句：“今天运气怎么这么好，连着接了两个大单子。”那个快件跨了上海的三个区，算是单价比较高的一个吧，竟然让他这么快乐。他的表现让我想起一个报社副主编截然相反的态度。晚上在办公室签大样时，副主编对一个朋友说：“现在外面资金那么多，随便拉一个就好单干了，谁还在这里干这个？”当然了，那是好几年前经济形势大好满大街是钱来追人的光景。现在不同了，估计他在签大样的时候会有一些惶恐与珍惜相伴的情感，而不是往日的不屑。万一报社不再需要那么多副主编了呢？带着这份惶恐，他工作一定更积极，说不定还更快乐些。

## 想要的太多

听一位刚结婚的上海男士说，如今身边好多适婚年龄的情侣之所以还未结婚，主要原因是婚房尚未解决。以目前北京、上海的房价，绝大多数30岁以下的情侣若想完全自食其力地付完首付，再支付每月按揭，就算勒紧裤带每天喝西北风过活，也不一定付得起。而看上去似乎大多数中国人又不愿意在租来的房子里成婚，于是就愁坏了一批人。对适婚女士来说，如果喜欢的人没有婚房，而有婚房的自己又不喜欢，那么是该嫁给喜欢的人还是喜欢的房子呢？

大概是被上两代人的贫穷经历吓怕了，这一代中国年轻人的首要任务就是确保自己食宿无忧，具体物化为：小两口有一套两室一厅的房子，除了每月付的按揭外，还能有供家庭吃喝玩乐的余款。这即使是在欧美发达国家，都算是高标准严要求了。而最让人担忧的是，“人格独立”这项应该算是基本的素质要求却被忽略了，父母为孩子准备婚房成了大势所趋。可见相比居者有其屋，一对年轻人的行为与意识独立不算什么，这应该是一种文明的耻辱吧。

在爱丁堡，我在一对年轻情侣的家里借宿过。男士是剑桥天文学硕士毕业，在一家公司当技术人员；女士还在读硕士，在一家甜品店打零工。他们用每月收入的三分之一租了一间一房一厅的房子，午餐常常吃女士从店里带回来的工作福利——免费甜点。虽然没什么存款，女孩一年还是能有一两次跟随男士出差的旅行。我对比着中国相似人群的经济状况算过一笔账，发现如果选择租房的话，中国大城市同样教育水平的情侣的生活水平一点儿不比他们差，甚至更好。因为人工便宜，中国白领可以花很少的钱雇用钟点工。

买了房子的情侣也有问题。有对家底殷实的情侣在上海和南京分别买了房子，因为男方先是在上海工作，后又被派驻南京工作。而现在的矛盾是两人长期过着分居生活，女方说什么也不愿去南京生活，理由是不想辞去现在安逸稳定的工作，以致闹到分手边缘。比起这对小情侣，那些跟随着爱人经常跨国大搬家的人好像要求得少多了。

**眼下的中国应该是矫枉必先过正的时期，从什么都没有，变成什么都想有，至少别人有的我都得有。**由这种泛滥的欲望引发的烦恼实在很难让人同情，甚至令人生厌，就像讨厌那些纷纷登上富人榜还在说房价不高的房产开发商一样。

## 干一行，恨一行

汤姆·克鲁斯和妮可·基德曼闹离婚的时候，据说妮可的Fans实在气不过，只好这样排解：让他跟那狐狸精走吧，看他们能挺多久。

这大概是最有效的报复手段：你喜欢什么，就给你什么，然后悠悠地跷起二郎腿，欣赏一幕由仇人们主演的从悸动到习惯，由麻木到厌倦，由争吵而渐渐反目成仇，最后不得不离弃的悲情戏。

妮可与汤姆的最初，又何尝不是意乱情迷、天昏地暗？只是把激情当成事业经营后，就是另外一回事了。目的不同，收获不同，经营手法自然也不同。及彼不能顾此，只好一拍两散了。

出来做事又何尝不是如此？**喜欢了就想投入地去做，结果发现喜欢的部分不过是盲人摸到的象鼻子，剩下的庞大身躯面目可憎，却与那喜欢的部分浑然一体，躲都躲不过。**

有个讨厌搞人际关系的人选读了理工科，在一家外资企业科研部门工作。本以为这里会太平点，没想到照样三六九等，等级森严，千穿万穿，马屁不穿。于是恨恨地说："当初不如去做公关，至少那里的人际关系是摆在桌面上搞的。"

有个酷爱艺术设计的人如愿以偿成为一名家具设计师，可每每设计出的精品无人喝彩，而他眼中的俗物却在市场上大红大紫。一边顺应市场，出产俗物，赚得盆满钵满，一边痛斥这个行当无趣透顶。

于是化妆品公司的女孩会悄悄地说：其实我最讨厌化妆，而食品公司的人见到零食就反胃。

碰到一个音乐编辑和一个炒股票的。两人相互羡慕不已，都觉得对方的工作有趣。但音乐编辑说：这年头，音乐实在是没得做了。炒股票的说：这年头，股票实在是没得炒了。然后又说：不信，换换?

换了就好了吗？鬼才信。

## 突然失业

我目睹过一个网络公司宣布裁员的场景。临收工前十分钟，老板宣布开全体会议，通报公司近况，然后让数十人留下来。五分钟后，这十几位同事木着脸从会议室出来，各自默默收拾办公桌上的物品，还有行政经理在一旁监督着，然后就永远地离开了公司。整个过程，从全体会议到被裁员者离开办公室，不超过二十分钟。偌大的办公室静悄悄的，连键盘声都很少，只听见收拾东西的琐碎声音，特别刺耳。

有个在国企工作的朋友，试用期将满时，在签正式合同时突然退却。只因那份合同上写明，如合约期未满提出辞职将赔偿薪金若干。朋友想了想，还是没有签，于是突然失业。比起上述失业者，他真的很幸运，至少还有机会选择。

相比起失业者，在业者过得也未必自在。一个在投资公司任副总裁的朋友已经三年没休过假了，每天工作十二小时以上。甚至董事会建议他休假时也被他婉言谢绝。他私下里对一帮朋友苦笑："哪里是我高风亮节哦，只怕这一休，就连这个职位也一起被休掉了。"那时他们公司连他一共6位副总裁，缺了谁都不会影响公司的正常运转。

只要有一个被解雇的威胁悬在头上，坐在哪个位置上都是战战兢兢的。一个跨国公司的亚太区高级总监每次提到自己如何勤政爱民时总要缀上一句："不然我怕被解雇。"虽然她的年龄和资历已经使得这个危机的可能性几乎为零，但显然这个危机还是存在的。

不过在怪态百出的网络公司，又别有一番景致。由于公司强迫原来招进来做制作人或者编辑的员工去做销售或者赚钱的项目。许多人摆出一副“干不了”的架势，对老板怒目相向，潜台词就是：“有本事你炒我呀！”由于不愿支付遣散费，老板只好扮出一副可怜相挣得一点同情分，哪里敢提一个“炒”字？那时的员工别提有多神气了。

## 我们有机会做个愉快的打工仔吗？

对一些人来说，办公室意味着工资、事业、实现自我的价值；对另一些人来说，办公室意味着每天能和相熟的人一起吃午饭，有一张看上去还算体面的名片可以出去交换新鲜的面孔和话题，自己的座位上有一部公司的分机可以与外面的世界产生自然而然的联系。就像是加入到一个打工俱乐部一样，可以扩大社交圈，并且可以解闷。这样的人正是在“愉快打工”。

**对“愉快打工”的人来说，工作成为一种需求，这好像和小时候学的共产主义劳动者对待工作的态度是相似的。**

**能有这样的觉悟，一是因为不缺钱，二是因为缺乏欲望，不想运用自己的金钱和人脉去改造世界或者维护世界和平。**

有个女翻译因为厌倦了独自在家工作的日子，也想找一份能待在办公室里朝九晚五和同事相处的工作。薪金的多少、职位的高低她并不在意，唯一的条件是希望有三个月左右停薪留职的假期。她终于找到了一份工作，一家小规模的翻译公司。一共15个员工，却能搞定13个语种。公司考虑到资深女翻译质优价廉，破例应允了那三个月的条件，打的算盘是，在她不在的日子里，大不了找个大学生来实习呗。可怜这个有多本译作的人，在老板那里不过相当于英语系大四学生。但是女翻译工作得很愉快：一年当中九个月给老板打工，三个月给自己打工，如此交替，再也不会厌倦。

最近见到一个更神的人，一家文学杂志的编辑。杂志社采用弹性坐班制度，每周只要去两三次即可，剩下的时间他用来打理自己的房产。由于热衷投资，他和自己开公司的太太在上海房产最低谷的时候买入五套房子，出租、出售、服务房客成了他的第二份工作。由于他开着丰田吉普，并持有文学杂志社编辑的身份，很容易赢得房客的信任与好感，就算房子的煤气灶、自来水管出了问题，而他未能及时赶到，房客也很少有怨言。毕竟，请得动一位文学编辑上门维修煤气灶，并不是件容易的事。如今和他同年进杂志社的同事已经成了他的领导，或者领导的领导，他依然和当初一样，做的还是最初的事——编辑。用他的话说：杂志社发的工资差不多刚刚够我养车的，就算当了最大的领导，又有什么意思呢？

活在当前最大的好处就是，大家再也不必在同一条路上挤死。你升你的职，我发我的小财，他睡他的懒觉。和谐社会，各得其所。

# 第三回合：你 VS 老板

老板都有不自信的时候，

混混老板也是老板

很多人为老板的能力有限而苦恼，主流的思路是，凭什么他能力并不高却能成为我的老板呢？如果换一个思路就可以迎来截然相反的情绪——太好了，“敌人”的弱点很多，不用多久，我就可以取代他了，或者至少，不用多久，我就可以对付他了。

## 不自信的老板

任职副总经理的朋友告诉我一件匪夷所思的事情：他的上司——总经理，午饭时间竟然跑到他的办公室，在他的电脑前呆坐良久。躲在外面的他进去不是，不进去也不是，只好退后几步，装作急匆匆冲进办公室的样子，对总经理嚷嚷："怎么，东西忘这儿啦？"然后目送自己的老板仓皇离开。再看看电脑屏幕，停留在Outlook收件箱界面上，原来是在查看邮件内容。

据说这位新上任不久的总经理，对自己严重缺乏自信。不知道是因为没出国留过洋的缘故，还是因为这一次的非常规越级提拔也同样给他带来了非常规的超级压力，他极其渴望赢得同事的认可和尊重。

这种渴望迫使他想听到同事背地里对他的议论，想知道美国总部对他的评价，当然更想弄清楚有洋学历的副总经理是怎样和美国总部谈论他的。于是亲自客串了一回商业间谍。

**其实不自信并不可怕，再能干的老板都有不自信的时候。明智的人会用种种方法弥补自己的不自信，当然这些方法并不包括偷看别人的电子邮件。**

和我共过事的一位香港老板刚到内地工作的时候，曾经很诚恳地对大家说：我对这边的文化不太了解，可能会在有些事情的处理上产生误会。如果有此类事情发生，请你们一定要告诉我原委，帮助我找到更好的解决方法。

一个香港人就这样轻松打破同事的戒备。看似简单的几句话，其实并非人人说得出口。既然做了老板，怎么能够“不太了解”呢？事实上的情况是，就算当上地球之王，也会有“不太了解”的时候。而且，官越大，应该了解，而实际上却不了解的东西越多。

如果说香港老板采取的是“以无招胜有招”的手段，老老实实把自己暴露在同事面前，等着别人的援助的话，那么另一位从医药行业被猎头挖到时装行业的高层则采用了以静制动的策略。在最初的一两个月里，她拼命地请认识的朋友吃饭，了解这个全新行业的蛛丝马迹，每天把睡眠降到三小时，阅读这个行业的参考书籍。结果她讲出来的术语和数据，居然让新同事以为她是资深内行。虽然她新入行，而她的同事已经在这个行当里打拼了数十年，但至少在这一刻，新入行的人是自信的，而那位资深同事会突然地不自信起来。

## 老板是个“混混”

我听到过以下几种“混混老板”的事迹：

经常出席行业峰会，热衷于出头露面发言致辞。但在公司里开会只讲大道理，对具体项目，甚至是大项目缺乏了解。从来没有见到他加过班，除了他的老板偶尔来视察工作的时候……

全公司的人都知道他外面养着自己的小公司，或者与客户有公事以外的合作关系，经常把公司项目批给自己的小公司或相熟的客户做，作努力经营公司状，实则努力为自己捞利益……

仗着为公司服务多年得来的头衔与地位，享受着令人艳羡的福利——公司帮租的豪华公寓和带司机的公车等等，却基本不参与公司的具体业务，成了被公司养着的有名无实的富贵闲人……

其实很多职业人的理想就是成为这样的“混混老板”，领着高薪，就着高职，不干事。财务也自由了，社会地位也有了，还有时间享受生活，完美！只不过这些人率先一步实现了而已。

有的“混混老板”表面上看起来很少参与具体事务，其实却是政治高手，擅长与公司各部门周旋。这其实是当老板必备的能力。**对经理、总监以上职位的人来说，脑子里最优先的事情应该是什么呢？完成指标？干一番事业？争取让职位再上一个台阶？我觉得都不是。排第一位的，应该是保住自己的位置。**位置都保不住，妄谈什么业务呢？我目睹过一些业务高手在管理岗位上遭遇“滑铁卢”，很大一部分原因就是不懂政治。从这一点看，“混混老板”们通常具有过人的老板素质，不干事还可以保住老板的宝座。

管理学上把“明星经理人”称为“社交型领导”，算是一种领导风格。其实这种领导并不好做，树大招风，容易招致竞争者的攻击。至于这个“混混”到底有没有贪污受贿，则需要证据支持，有公司财务部、人事部、行政部等负责监管。凭空八卦，人家可以告你诽谤。

我倒觉得，如何让高级管理人员保持一贯的努力和工作激情，是公司决策层要忙的事，对于这些“混混老板”的下属来说，两件事最重要：一、避免成为“混混老板”手下的“混混下属”，这样恐怕会永远断送成为老板的可能；二、研究一下“混混老板”是如何混成现在的“老板”职位的。他们应该是极聪明的人，善于利用公司政策，用最少的投入，得到最大的收获。若能学到几分，未尝不是好事。

有的老板，为了做点事，愿意适度地冒点丢官帽子的风险，这种老板，最受热血沸腾的下属爱戴；大多数老板，乐意让下属卖命，前提是不能危及自己的地位，这也是好老板；“混混老板”，大多是不求有功，但求无过的主儿，希望下属少做少错，没事最好回家洗洗睡了，不要多事。对有抱负的下属来说，长期跟着这样的主儿混，恐怕对业务素质的发展不利。但也有一些“混混老板”，不仅善于为自己谋福利，还推己及人，善于用福利来笼络下属，跟着这样的“混混老板”混，倒是条捷径。只是这捷径轮不轮得到你走，就只有天知道了。

## 老板是个“富二代”？

十年前，“富二代”在中国内地还是稀罕物，大多数的年轻人出身于家庭收入不满百的经济环境，看着同样的电视剧，吃着相同的冰棒长大。忽如一夜春风来，许许多多生于成功民营企业家的公子千金，带着从世界各地镀来的金学位，出现在公司的显要职位上。尽管也许缺乏工作和管理经验，耳濡目染的家庭教育和国际化的求学背景使得他们中的一些人拥有超出他们年龄的成熟心态和看上去有板有眼的精英架势。

父亲做贸易起家、自己接管了父亲的商业帝国中的新业务——品牌代理的一位公子哥，非常坦诚地向人解释为什么自己年纪轻轻就出任董事总经理一职。即使在被调侃地称为“富二代”时，他也会带着从英国镀来的幽默感回应：“呵呵，是的，我准备把这三个字印在名片上。”据他的员工反映，尽管只有26岁，但他是位相当出色的老板，愿意了解工作环节中的任何不测，并且对员工采取信任、信任、再信任的策略。他的父亲似乎对他采取了三不管的政策，辟出一块投资额并不大的新业务任其自由发展，最坏的打算无非是损失点钱为儿子买教训。

一位食品企业大亨的女儿就没有这么好的运气了。因为年仅24岁就出任集团公司总经理一职，出去谈重要业务的时候，都是妈妈陪在一旁，冒充女儿的副手，生怕女儿吃别人的亏。尽管妈妈是好心，只是这样的总经理做得未免太窝囊。时间长了，不知道儿皇帝真的可以一日千里地成长起来，还是从此就成了被拔苗助长的那颗夭折了的小苗。

我的朋友在香港房产大亨手下当中国区的总经理，不时地要应对来自老板公子和千金的骚扰。千金是个野心勃勃的女强人，年仅26岁已懂得保持自己的权威并提出一些不俗的见解，虽然她的观点和指示常常和其父的相左。公子则是典型的纨绔子弟，喜欢在公司的高管会议上提出一些整改公司硬件设施的建议，比如应该为公司COO，也就是尊贵的他，添置一辆像样的商务车等。在把父亲儿子女儿的关系理顺后，总经理采取了一个“哄”字诀，对少东家明里百依百顺，然后无意间把消息透漏给其父，按其父的意见办理。尽管表面上低眉顺眼，背地里总经理朋友的评论是：少公子的话，屁都不是。

尽管生下来就注定一辈子不努力也可以锦衣玉食，永远被称为“某某的孩子”，就像衣服上被绣上红字，是精神上永远的负荷。某种程度上，扔掉这个红字，比两手空空博取成功更难。

我在法国遇到过一位著名瑞士表企业的第五代传人，年已七十多岁。他一生过着大多数人梦想的生活，平时住在瑞士的家里，夏天住在阿尔卑斯山的别墅里避暑，然后就是世界各地去旅游。在他的手上，他们家族经营的百年手表被卖给了一个大集团，但他仍持有一些股份，因此参加手表的一些商业宣传成为他的一大乐事，因为可以和众多媒体美女合影留念，并且有这么多的年轻人可以和他聊天。

在那个忙忙碌碌的商业Party上，媒体人和他合完影寒完暄后，又去忙着和CEO或宣传人员合影寒暄，CEO 和宣传人员除了应对媒体还得随时注意现场的突发事件，只有他闲在一边，无所事事，像观光客一样拿着数码相机四处拍照。这种永远被忙碌的现场和忙碌的人群晾在一边的“富二代”生活，恐怕也得要一颗相当坚强的心才能挺过来吧。

## 暴发气质

我的前老板是一头不折不扣的股市大鳄，家财万贯，只可惜是个破落户出身，常让他于心不安。为了显示品位，他离开了淮海西路的豪华别墅，搬进静安区一座幽静古旧的小洋楼，家里塞满了法国古董和意大利名师力作。

近来由于股票下跌，他觉得有必要改改风水，于是宴请港台各路大仙，在小洋楼当街的阳台上，置了一头硕大的铜牛。该牛昂首屹立，雄势非常，几乎要破顶而出。从街对面看，整幢楼都被踏在“牛”的铜蹄下，好端端的小洋楼，就这么给强暴了。

那天，我的一个朋友盯着这头牛，从牙缝里挤出两个字“暴发”。

大概这个朋友最有资格讲这个话，因为她是位贵族。据说她的家世可以追溯到慈禧，如果中间因为“文革”或其他什么原因式微过的两代不算的话，她倒是个不折不扣的贵族。尽管她不姓“叶赫那拉”了，她依然无视身份证上的法定名字，在名片上印了个怪里怪气的少数民族的名字。

打了折扣的贵族没什么正当工作，靠着一份SOHO职业，拿着中等的收入，过着典型的小资生活。她讲究生活品位，重视物质感受，并且喜欢把别人定位为“暴发”。被她盖棺定论的人甚多，包括当代著名画家、书法家、剧作家以及我过去和现在的老板。我曾经对她说过，现任老板向我秀过新买的Dior腰带，话音没落，现任老板就被她列入“暴发”名单。

我一直以为贵族和暴发是很容易区分的，直到有一天贵族买了瓶香奈儿5号香水。她如痴如狂地对我说：两千元一瓶，虽然我囊中羞涩，但还是义无反顾地买下了。我想起“暴发”老板也对我讲过类似的话，不同的是，老板还买了一套衣服来配这款香水。

我想，如果“贵族”拿多一点钱，是不是也就“暴发”了呢？

## 第一次当CEO

凡事都有头一遭，比如出任CEO。

没有人生来就会领导人的，尤其是天性散淡的才子佳人。只是经不住功名利禄的引诱，每日动心忍性，一步一步爬到这个位置。

突然间发现工作的对象变了，不再有无数的计划书要写、无数的客户要见，而是淹没在会议与E-mail里。

“可别小看了这堆E-mail。表面上彬彬有礼，里面不知埋着多少圈套，就等着你钻进去。”一个刚上任的CEO大发感慨。大概吃过几次实话实说的亏，如今的他讲起话来尽是“外交辞令”，并且总结出一条金律：“对原则性的问题要飞快地表示赞同，对细节性的问题表态则须万分慎重。”比如：可以大谈特谈“创意一定要新锐、独特、有品位”，但具体实施时到底是让这个女人戴花还是让那个男人戴花，则不可轻易发表意见。经验来自于血的教训。他曾经对一个拍广告的模特表示不满，并指示换人，结果被换掉的模特竟是香港总部老板的新情人。连护官符还没搞到手就烧起新官三把火来，不烧到自己才怪。

有很多第一次当CEO的人对自己的权威不够自信。为了强化权威，时时刻刻想的就是“管”人。有个刚上任不久的年轻CEO居然开口就说：“员工其实就是管理层的对立面。”如何对付这些对立面呢？他的做法是一个一个谈话，威逼利诱大家不要拉帮结派，否则就会被解雇。结果拉帮结派的人倒一个没有，他的个个击破的管理战术却传遍了圈内，成为饭后笑谈。

还有一个CEO更离谱，由于行业经验浅薄，只有一个洋学历，有些心虚。于是拼命地否定员工的提议，想借此树立权威。有人推荐A当项目经理，他必定不同意，另外选一个B；大家觉得A方案好，他一定拍板B方案。而且越是资深员工的建议，他越是要驳回。三四个回合之后，他的权威是有了，没人再和他争执，但不久后几个资深的员工纷纷跳了槽。总部觉得这里的风声不太对，派人作了员工调查后，与权威CEO提前解约，并高薪请回了几位资深员工。屈指一算，这位权威CEO在公司仅待了二十九天。

**如果你以为CEO都是高薪那你就错了。对于从未当过CEO的人来说，能和这个职位发生关系比拿到更多的报酬更有价值。**前不久遇到一个十分低调的泰国老板，在国内投资了多家大型购物中心。他爆料说，他手下大大小小的CEO不下20个，有些小CEO的年薪比中层经理的还要低。泰国老板的如意算盘是：“只要年薪便宜，他想当什么CEO都行。”

不管什么行当都是欺生的，看来CEO这一行也一样。

## 不倒翁总裁

在过去的九年中，我出席过三次由同一位先生任职总裁的公司召开的新闻发布会，有意思的是，这发生在三个不同的公司。

第一次是一家化妆品公司，发布会主旨是宣布公司被新东家收购，同时隆重推出这位新聘任的总裁。伴随着新总裁先生简短而专业的就职致辞的是同样简短而专业的个人背景介绍：在欧洲读的MBA，某世界500强公司欧洲总部的工作经验，然后是在台湾任职大中华区首席代表，已婚，有两个子女……在 1998年的中国，这足以让所有发布会的出席者印象深刻并肃然起敬。第二次是在一家珠宝公司的新产品发布会上，这位前化妆品总裁先生赫然转身成为某珠宝集团中国区公司CEO。第三次又是一家化妆品公司，第一次那家的竞争对手，总裁先生的讲话还是差不多的意思，主要是“我们生产最好的产品”之类。目睹过他在前前东家任职讲话时的人难免会觉得有点讽刺，这分明是一出现代版的“自相矛盾”演出。最近得知他的新动向则是在一份新闻稿上，他又跳槽了，扮演的新角色是新近进入中国的一家奢侈品集团中国首代。

如此推算，他平均两三年换一家公司当总裁。跳槽原因虽然不得而知，然而无论是业绩下滑、管理混乱、和总部关系处理失当或者为了翻倍的薪金待遇，他无非是换一家公司还依旧当他的总裁。不同的无非是公司产品和底下人手的数目而已。

对这样的不倒翁总裁，你可以刻薄地评论：什么首代啊，总裁啊，CEO啊，看上去光鲜亮丽，不过和公司里芸芸众生一样，都是打工族而已。

但一位正努力向总裁这个职位奋进的大公司总监先生则有另一番见解：总裁，尤其是在中国做总裁，压力极大，光是处理总部与中国区之间因文化差异、领导层换血以及因异地操作导致的沟通不畅等因素造成的各种矛盾就已经焦头烂额，此外还要顾及业绩的增长以及应对觊觎这个职位的竞争者的挑衅，更何况因为目前中国市场相比欧美还是弱势地位，要受人家的欺负……他的结论是，正因为难做，所以才要去做，屡战屡败，屡败屡战，才有意思。从这个角度看那位不倒翁总裁，真不知道他在这不停的战斗中究竟算输还是算赢。

看到电视里美人周慧敏正在代言潘婷洗发水，我突然想起数年前她也是用相似的姿势代言过诗芬洗发水。事实上在这个注意力经济时代里，广告中她柔顺的长发究竟是使用潘婷还是诗芬洗出来的，已经并不重要了，重要的是，由于激烈的市场竞争，潘婷和诗芬的效果都还不错。总裁这个职位也一样，只要公司产品的品牌和质量都不错，谁来当总裁，或者这个总裁曾经当过多少个不同公司的总裁，都不重要了。

## 女高管的弱点

有些读者在来信中夸奖我写的文章时，会顺带诋毁一下我所属的性别，比如："你改变了我对女人只会逛街、买化妆品的印象"；比如："原来女人也会写点文章"……好像靠写字赚的钱超过了英国女王的J.K.罗琳只存在于魔法世界中一样。

尽管如今的气候已经反常到让人联想起第五纪冰川的到来，一些男人对自己性别的自信依然停留在四千年前的父系氏族早期——出门征服世界，回家征服女人。如果力有不逮征服不了自然的话，那么就只有加倍在女人身上榨取自信心了。

加入到征服世界者的行列中，与男人中的男人抢风头的女高管们面临的压力由此可见一斑。就算智力超群、胆魄逼人，“高管”被冠以“女”字后，总让人感觉打了折扣，就像总裁被冠以“执行”，或是市长被冠以“代理”一样。

有这种感觉，一方面因为上文所述的那种男性性别优越感的泛滥，事实上，就连很多女性都已经感染上这种病毒，习惯性地认为自己这个性别不行，这个性别天生该被征服。另一方面，则是现实生活中的女高管们老是出现这样那样的毛病，一而再、再而三地被敌方揪住小辫子，为他们的性别决定论添砖加瓦。

小辫子之一是女人容易纠缠于细节，而忽略全局中更重要的环节和部分。比如一位女高管，在指挥一场大型发布会时，花一整夜改了主持人的串场词，据可靠消息，这个串场词在她亲自动笔修改前，已经由她的下属按照她的授意改了四五遍。用旁观者的话说，她一整夜的努力，基本属于一厢情愿，因为现场根本没人有空分辨第一稿和最后一稿的差别。然而她对产品和市场的把握，却屡有偏差，以至于公司对产品和市场的判断，主要来自她属下的一位业务总监。这当然是她不愿承认的，因此她用对于细节的加倍投入来证明她的能力，比如在交一份报告的时候，为了找一张合适的配图，她会折腾整个团队的人找半天，即使很可能这份报告根本没机会被董事会打开。

小辫子之二，女人过于情绪化。能干的女总裁会因为对刚看完的一部电影或者小说的偏爱而改变某些决定。在一家公司，员工甚至列出一个“女总裁特别青睐目录”，每当涉及目录上的项目时，员工需要将女总裁的个人偏好考虑进去才能得到相应的回报。

小辫子之三，爱情在女人脑袋中占的比重过大。这可以推导出，同样智力的一男一女，男的投入在事业上的更多。

虽然上述毛病很难被证明到底该归咎于个性还是归咎于性别，“女高管”作为一个新兴群体被好奇而武断的人贴上标签也算情理之中。等到这个群体越来越大，这种标签大概也就越来越模糊了。

## 做了老板之后

以前我的一个同行，也是杂志社的编辑，不知从哪里凑来几百万的资金，转行开公关公司去了。不久前见到他，他对手下的员工满口牢骚，而其中最主要的牢骚是价格太贵：“刚毕业的大学生，也要两三千，抢钱啊。”为了节约成本，他的员工多是来沪找工作的外地大学生，一个月一千五不到，包中餐晚餐，每天像驴一样做足十二小时。记得当年他的月薪数倍于他的员工时，他也有许多牢骚："两年工资没涨过，台巴子抠是抠的来……"轮到他做老板的时候，比台巴子有过之而无不及。

金钱面前人人平等，不管你是博士后还是小学毕业；不管你信奉的是真善美还是某某主。面对同样的周转问题，不同的老板会有不同的处理办法。有的拖欠工资、拖欠货款；有的想办法再去找钱；有的鸡蛋里挑骨头，找人的茬儿，找货的刺儿，把钱赖掉；还有的人把自己家里的存款拿出来，把房子车子变卖掉，付钱给别人。前三种人或许还有在商场上存活下来的希望，最后一种小老板只好双手空空再去打工。事实上，在大公司，这样的人越来越多。两年前的名片上印着董事长、总经理、总裁等吓死人的头衔，变成现在的部门经理。虽然没有足够的体面，但好在心里踏实，每月坐等工资入账。再也不必像当初那样，一到出粮的日子，就急得彻夜不眠；一转念想到拖欠或赖账时，又被良心追杀。搞成个为了钱跟自己过不去的局面，何苦来？

一个在外面开过工作室的搞平面设计的小伙现在又重新回到一家大公司上班。现在的他不再抱怨自己的工资和公司对客户的报价之间的巨大落差了。**当过老板，知道了报价和入账之间的艰辛之后，心态反而平和起来。虽然他从老板变回打工仔，但生活质量比以前提高了很多，收入稳定，找了女朋友，经常可以去看看电影，偶尔还能接点私活儿回家做，赚点外快。**

但话又说回来，打工打得职位再高，不代表能搞好一个最小的小公司。有个在世界500强公司做到华东区销售总监职位的能人，决心实现自己少女时期的梦想，创立一个自己的时装品牌。花了两万元租下150平方米的办公室后，发现太小，于是又另外租了一间300平方米的，两万元打了水漂。这件事被她的朋友知道之后，拍着桌子大骂：你就不知道转租出去？你这不跟钱过不去吗？

可是习惯了用大手笔签单子，言必称百万、千万的人，哪里想得到还要为了区区一两万费尽口舌呢？

半年后，销售总监宣布时装公司倒闭，又重新做回老本行。算一算账，一共亏损了十几万元，全当为了这场老板梦埋的单吧。

## 老板的宝贝

同父同母的兄弟姐妹们还会受到偏心爹娘的区别对待，老板在公司里对某些员工格外垂青的案例因此也同样应该被理解。

有家公关公司的项目经理经常向我吐苦水：分明是她在独当八面，不仅钓来一大把客户，而且输出无穷无尽的好创意，可老板就是不领情，每每对她深不可测地笑一笑，以资鼓励。与此相反，另一个项目经理，常常捡她剩下来的case做，也没那么多怪招应付客户，以至于常常到老板办公室去求救。有意思的是，这个老板偏偏对后者偏爱有加：常常动员全公司的员工一起帮着搞头脑风暴；在预算和人手上强力支持；会议上经常表扬他们项目组……而对更能干的项目经理不冷不热：哦，知道了，你那么能干，自己想办法解决吧！

强将被冷落，弱将反而得宠，真的就像《孔雀》里一样，蠢蠢的大哥反而是爸妈的心头肉。

是因为功高盖主招致老板的忌惮吗？其实未必。但**很多人喜欢被人依赖却是真的。能力差的经理，动辄向老板求救，像只弱不禁风的小猫，不愿离开妈妈的怀抱。这种被需要、被依赖的良好感觉，极大程度上激发了老板伟大的"母爱"。**

能力强是一回事，不给老板空间施展爱心是另外一回事。

如果说公关公司的强将是战术上有失误，还可以弥补的话，那么有的老板的"喜欢"或"不喜欢"则是捉摸不定的，不像"千穿万穿，马屁不穿"那样，有规律可循。

在一家外资展览公司上海分公司工作的朋友就很得意，他们在上海的八九个员工就比北京的八九十个员工受宠得多。一来，他们的老板有上海情结；二来，上海的员工都是老板一个一个招来的，不像北京，除了几个骨干外，大部分是骨干自己招来的。他们北京的同仁一提起上海那帮人就恨得牙痒痒的：上海的那几个小子，是老板的宝贝，说不得、碰不得。据说在他们公司，事情都是北京的人做的，而被老板经常挂在嘴上的，却是上海宝贝们。最近因为上海宝贝们提议公司应该增加员工福利，抠门的老板慷慨地给所有员工每月增加了两百元健身经费。而同样的建议，其实北京有的同事早就提过了，却都以不了了之告终。

对北京的老黄牛们来说，与其一边拿着这两百元一边骂上海宝贝们，不如忘掉宝贝们这回事，开开心心出一身汗去。毕竟宝贝的资格可遇而不可求。如果老板又突然喜欢上广州，难道再恨广州宝贝们不成？而下一任老板有少数民族情结也说不定。

## 跟着老板出差

出差最好独来独往，就算日程紧些，不必陪上额外的笑脸和恭维话，比较利落。但难免有跟老板出差时，只好把它当成一件富有挑战性的事。拎包跑腿鞍前马后自不必多说，如果能在老板那里换算成一点点感情投资，也算物有所值。而且，途中偶尔也能欣赏到他们森严面孔的另一面，也未尝不是一件趣事。

一次有幸和一位正局级大老板赴京。大概是随行只有我和他秘书两个年轻人，年龄仿若父辈的他显得十分随和。那趟差的公事并不多，紧凑一点，两天足矣。可我们一共待了六天。剩下的几天也算长见识，看到他偎红倚翠、酩酊大醉的样子，和平日判若两人。出差过后，一切恢复原样，但和大老板之间多了几分默契，真是额外的收获。

陪着古板的老板出差比较受罪。天还未亮，就要惺忪着双眼奔赴机场，为的是赶最早的那班飞机，以便当晚能够回来。吃喝玩乐就别想了，晚上还要待在酒店里整理文件。曾经跟着一位女老板数次入蜀，“三过峨眉而不入”，引为平生憾事。她36岁仍形单影只，只好恨恨地想着：如此缺乏生活情趣，活该如此啦！

也曾跟着特别有钱的私人老板出过差。他作出爽气的样子，每次都放一天假让我自己去玩，当然啦，费用自理。他爱摆阔，于是我也跟着享受了好些次头等舱。一次去徐州，时间紧迫，没有合适的飞机，只好乘火车。天气十分炎热，火车里也不乏赤膊的汉子，空气中弥漫着刺鼻的酸味。他锦衣玉食惯了，一路上坐立不安。好不容易挨到目的地，他开始抱怨：里面都是些什么人呀，衣服也不穿。我说，都是穷人啊，哪能都像你每次坐飞机。他若有所思，自言自语地说："整个火车的人加起来也没我有钱。"

当时，他身家数十亿，可谓富可敌车。只是依然穿得像跑街先生一样齐整，在火车上奔波。

## CEO的魔术棒

市场部经理上任之前，CEO对他说："恭喜你，你的团队是天底下最好的团队。你的前任离开三个月后，在没有领导的带领下，他们依然做得很好。"一番话说得新任经理心惊肉跳，生怕自己连这样优秀的队伍都领导不了。

市场部经理上任之后，CEO对他说："好好管管你的团队。据我所知，有的人独立工作能力很差，有的人缺乏创意，还有的人甚至在外面有兼职!"又是一阵心惊肉跳，缘何优秀的团队到了自己手里就走样了呢？

团队没变，是CEO的魔术棒在变。变化万千，宗旨不变——施压。

公司大了，大家各司其职。职员负责动手动脚，经理负责出脑子、监控质量，CEO负责变着法子抽陀螺，就怕大家转得不够快。

最可恶的是公司生产一系列同类产品，互为竞争对手。CEO的魔术从而有了更加神奇的玩法。

对产品A部的人说：看看人家产品B部，人家每晚加班到十点。

对产品B部的人说：看看人家产品A部，人家为了激发创意，有个男职员试着做了一个星期的女人。

更可恶的是发动大家相互提意见，然后对A部说：B部的人觉得你们上次做的推广活动定位不够准确，要吸引的是年轻人，但那场秀老气横秋，观众多半是老太太。你们对B部最近的活动有什么看法？

对B部说：A部的人发现你们的创意是Copy美国最近一个电视广告的。Idea是可以借鉴的，但一味Copy显然是行不通的。我们是第一流的公司，怎么能老跟在别人后面呢？

像斗鸡一样。或者，像“文革”时期的相互批斗。

最好员工相互间防盗一样你争我赶，公司指标一定牛哄哄，CEO也不枉做一遭斗鸡人。

只是苦了当员工的。累死累活不说，要提防着同一屋檐下的同事，生怕被人告了状；更要像间谍一样监视着同事的一举一动，最好抓一把小辫子在手里，随时反击。

只剩下魔术师CEO在一旁偷着乐。

## 温柔一鞭

物质奖励和口头表扬到底哪一个更重要?

如果前者意味着账户上神不知鬼不觉多了五六百元钱，后者则是在公司全体大会上被点名表扬一次，那么一部分人会倾向于接受后者。在公开场合被领导肯定有时意味着美妙的前景，比奖金更让人想入非非。当然，如果奖励的数额高达数万元甚至数十万元，又要另当别论了。

被当众点名表扬了一次的张医生最近干得十分卖力，不仅对病人表示了更多的关心，还抽空写了数千字的新业务构想。据说他们医院的院领导多少年来都没表扬过任何人。显然这份难得的荣誉给他带来的满足感已大大超过了年终奖带来的动力。

我有个自己开公司的朋友很会恭维别人。他特别喜欢夸别人善良，并能举出若干事实证明自己的论点。奇怪的是，被他恭维的人往往在他面前表现得真的很善良，至少比在其他人面前要善良得多。这位“人精”朋友感慨：这些人要钱有钱，要权有权，其实人也不坏，可惜苦于没有机会施展自己的“好”。他十分乐意给他们提供机会恣意施展。事实证明，这些很想让自己显得更善良的人，对一句“你真是个好人”比一箱芝华士、XO还要重视。当然，原因也很可能是家里原有的那一箱还没喝掉。

在江湖上当拼命三郎，为的是钱，为的是地位，为的是荣誉，有时也为了一口气。

一家广告公司的高级客户总监最近跳槽了，放弃了唾手可得的年底双薪和年终奖。“我在这里做了三年半，每天干到夜里十二点才回去，业务增加了好几倍，老板竟然连抽空赏光吃个饭的工夫也没有。”这个老板当得很失败。他提供的薪水一点也不比外面少，但竟然留不住员工的心。与之相反的是，有个小得连公司也算不上的小工作室的头儿很会请员工吃饭。今天一起吃个小馄饨，明天买一包巴比馒头，大家一起同甘共苦。如今快一年了，没有一个人离职的。据说他们马上要搬新办公室了，面积比原来大一倍。**能和头儿一起吃一碗馄饨，有时比独自吃一碗燕窝更让人兴奋。**大公司的老板往往就是不明白这个道理，或者，就算明白了也装不明白。毕竟公司是别人的，自己不过一介执行官而已。已经搭了这么多时间和体力进去，难道还要再搭进感情若干？

与这种拿钱拿公司招牌稳住人心的大公司相比，倒是一些小公司的老板来得玲珑八面。把年轻人挖过来，当个宝一样捧在手里，总监、CEO什么的高帽子一顶一顶往上扔，有时还真起作用。如今这些横行江湖的小总监拿着大打折扣的薪水，一人身兼数职，每天骡子一样操劳，心里感觉还好得不得了。小老板们这记鞭子，舞得很有水平。

## 老板的脸，女人的心情

善于察言观色，是员工提高效率的有效途径。

就像《红楼梦》里周瑞家的带刘姥姥拜见王熙凤一样，熟知主子的作息规律以及最近主子的心情好坏是成败的关键。刘姥姥第二次进贾府的发达，还不是因为贾母“正想个积古的老人家说话儿”，而且凤姐儿“见贾母喜欢”，一路捧上去的？

放在一个跨国公司里，贾母就是那个CEO，凤姐是个某国分公司经理，你就是那个默默无闻的刘姥姥。

把老板比喻成主子，到底意难平。在当今这个号称平等的社会里，谁愿意做奴才呢？虽然两者在实质上差不了多少，都是需要来揣摩和服侍的。主观上，我更愿意把老板看成女人，或者恋爱中的，或者是老处女般的神经质的女人。因为，更多的时候，你实在不知道他们心里在算计些什么。

有个客户曾在电话里对我说：“今天还是歇一歇吧。老板好像不太高兴，问他什么都说‘NO’。”但据客户说，他前一分钟嘴里还哼着流行歌曲，接了一个电话后，就成了马脸。害得我只好干等着他的脸阴转晴，恰似一个拿女人没办法的失意郎君。

一个死党有一次拒绝了我们的饭局邀请，原因是老板否决了他们的一个项目，逼他们加班重做。谁知饭局刚开始，他就到了。原来即将下班时，他老板接到一份公司嘉奖通告。一高兴，不仅宣布不必加班了，而且第二天下午也可以提前下班搞一个公司庆典。真是意外的礼遇，就像被单恋许久的佳人吻了一下。

如果这个女人神经质过了头，你可以踢掉她，再找一个女人。但你很快会醒悟，天下乌鸦一般黑。这根神经好了，另外一根大概又不对劲了。就算碰上一个好好女人，可是属于爱你的人你不爱那种，比如，付你低薪的老板，恐怕，就轮到你变神经质的女人了。

## “洗脑式”管理

有位原共青团干部跳槽下海后，在自己创办的公司里保留了共青团委政治思想学习课的传统。准确地说，不是“保留”，而是“发扬光大”，他把政治学习的频率由在团委工作时的一周一两次，发扬成一天一次。学习的主要形式是他的演讲，学习时间是每天上午九点到十一点，学习的主要内容是：人要有事业心！为了这种事业心，苦一点、累一点都是值得的。同样被发扬光大的还有各种辅助手段，比如“树标兵”、“结对子”、“一帮一”之类的形式。

尽管意识到团干部是在给大家洗脑子，为他打工的一位员工还是一边摇头一边说：但他是个好人。

原因有三：一、有事业心，当然不是坏事，而且从长远来讲，对自己还是大大的好事；二、这位擅长给员工洗脑子的老板非常体谅员工的生活，时常嘘寒问暖，对他们的困惑从不吝啬用时间和自己私人的金钱予以帮助；三、尽管在这个公司工作到晚上九点，或者周六周日上班是司空见惯的事，公司给像他这样的年轻人提供的工作机会和工作待遇都还不错。摇头的原因则是，工作实在占用了生活中太多的时间，以至于大学里谈的女朋友告吹了，周末也没空和父母吃饭，当然更加没空加入大学同学的牌局。时间一长，生活中除了工作，什么都没有了。而这一困惑，又不能跟老板诉苦，因为连他自己都觉得这点苦恼比起伟大的事业心来说，不仅渺小，简直可以用可耻来形容。

这种“洗脑子”的方式即使在现代企业管理中也被视为有效的管理策略。鉴于人人都希望从工作中找到更为深远的人生意义，并且人人都认为自己生来与众不同，管理学家们认为，公司管理者有义务帮助员工找到这样的意义。

美国也有公司采用类似的“洗脑”策略，在加班之余，他们请牧师来为员工舒缓失衡的生活。用空洞但富有感染力的宗教词汇让你忽视当下的苦难，取而代之以工作的高尚和人生的美妙。

对于尚未发现更高尚的工作和更美妙的人生的员工来说，被如此“洗脑”有时并不是件坏事，虽然老板有借麻痹员工神经而虐待劳动力之嫌，但至少怀揣着“高尚工作与人生”的员工因为生活是有意义的而感到快乐。这对于精明的企业主和生活目标不那么清晰的员工来说，也算是一种双赢吧。

## 老板的真怒与假怒

这是在老友的办公室里发生的真实一幕：

我们在说着饭后助消化的段子，笑不可支。他的助理匆匆走进来说了一些坏消息，无非是有意外发生导致计划完不成呀，Deadline无法遵守之类的。老友的脸顿时晴转乌云，旋即电闪雷鸣，冲着差点哭出来的下属骂完了Fuck的所有时态和词组，然后质问如何补救。吓愣了的可怜人立下军令状：就算接下来不睡觉，也要尽量完成。

怒视着下属离开后，小房间内立刻放晴。老友笑呵呵对我说："没办法，不这样，他们就不能正确领会我的意思。我命令他们加班吧，既不人道，效果也没有现在好。咦，刚才讲到哪儿啦？"

老狐狸啊。Deadline完成不了，在职场上是件太稀松平常的事。解决的方法无非是加班加点加人进行解决。有谁愿意加班呢，更何况在没有加班费的情况下？这件小麻烦能够如此完美地解决，他所付出的，仅仅是三五分钟的"愤怒"与"漫骂"。

手段而已，与感情无关。

就像"假笑"。规律是：大家笑了，你就得笑；老板讲完了笑话，你就得笑；见到客户，你就得笑；作演示，你就得笑；见到新同事，你就得笑；或者，别人认为你该笑，你就得笑……**Just keep smiling。这就像见面说你好，分手说再见一样。笑，并非属于感情的范畴，而是属于礼仪的范畴。**

职场如战场。没有性格，没有感情，没有道义，只有子弹和战术。七情六欲都是子弹，可以拿来打出一条胜利之路。

适度的自卑能获取好感："没办法，我是农民嘛！"有时不满的神情能鞭笞员工加速运转。这不满，就像赶驴人手中的长鞭。

当然，这些招数也因人而异。有些人是鼓励型的，越夸越来劲；有些人是辱骂型的，越骂越来劲。

到底使哪颗子弹呢？微笑还是怒骂？完全可以根据对象有的放矢。

习惯了这一套之后，职业人就开始不会哭也不会笑了。或者说，不会自然地哭和自然地笑了。他会先想一想：我应该哭吗？应该笑吗？然后从大脑硬盘里取出相应的表情，挂在脸上，比演员还专业。

# 第四回合：个人价值 VS 薪水职位

实习生也可以活得很有尊严，
狗仔队也可以追求正义与真理

尊重自己工作的人才能寻觅到更多快乐。而工作的尊严感就藏在工作的细节里，找得到，你很牛；找不到，就接着找。

## 你的职业有多少尊严

在苏北一个县城，我发现一辆开宝马3系的车、家里有几十亩农场的私营老板，还没有当地县城电视台的记者地位高，这种地位的差别，表现在圆桌饭局的排位顺序上，电视台记者坐在更靠里面的主位，农场老板的位置更靠近门。当然，如果是县委某处某个办公室的主任驾临了，就要被迎为上上宾，县城电视台记者的位置就要降一级了。工作除了能满足油盐酱醋的需求，另外一个重要作用就是对你在这个社会的排位顺序进行界定。而顺序的高低，当然直接影响到人格尊严。

如果那个县城还在遵循着官本位的教旨，北京、上海这样的大城市则是金本位与官本位并行，身家数千万的农场主这个称号带来的尊严感至少相当于局级干部吧，抑或更多，尤其当后者退休了，公车与公章都交了公之后。

记者这个职业，说老实话，大部分人虽然活得滋润，甚至在采访名人时显得也很光鲜，尤其是电视媒体的记者，但在中国尊严感并不强。有次在上海车展采访时，当我排着长队买麦当劳时，排在我前面的两位听口音像是来自江苏南京媒体的记者正在交流她们此次车展的斩获：这家送了个包，那家送了个小电器……怎么你有这个我没有？不行，我要找他去！但这并不排除中国能存在有尊严感的记者。比如不久前偷拍了顾长卫导演的狗仔名记卓伟，至少在这次行动中，他拒绝了金钱诱惑，坚持将真相公布。

**很多职业的地位是随着时代改变的。**比如中国当代艺术画家，二十年前，这是个相当落魄的职业，现在当然大不同啦。欧洲也一样。19世纪初的法国，如果你说情人是画家，会惹来周遭哄笑，而到了19世纪末，画家已经可以向银行家的女儿求婚，并且被认为门当户对。同样有着跌宕起伏的命运的工作还有基金经理等等，我听说股市在6000点时，连长得最矮小难看的基金经理都认为自己配得上世界500强公司里的市场部经理，并且得是长得像刘亦菲的那种，现在这个期望值的跌幅一定和股指一样了吧。

研究日本文化的著作《菊与刀》指出：日本人最重视的是“各得其所，各安其分”，并借此得到尊严与安全感。通俗地说，就是农夫的儿子在认定自己今生今世都会是农夫的情况下，按照社会给农夫的定义，过着快乐而有尊严的农夫生活，一旦他不满足于这种界定，妄想像企业家那样穿上名牌西装去五星级酒店社交，则会被耻笑，并将因此失去尊严。中国人则崇尚通过努力改善自己社会地位的方式：比如以前的考科举和今天的开公司做生意。还有，中国这些年来的座次顺序太过动荡。昨天的养猪郎，今天可能成为福布斯榜单上的富豪，频频被市长接待，明天则有可能因为经济犯罪或买凶杀人锒铛入狱。每个人的际遇和在这个社会中的座次都可能因为努力的程度、勇气的大小以及遇到机会的多少而改变。这样的生存环境比那些井井有条、各得其所的社会要刺激得多，并且更有趣，但同时伴随着更大的不安全感，这从另一方面也可以解释为什么中国人喜欢存钱了：就算明天我在社会中的地位一落千丈，至少我还有生活费可以帮助维持仅有的那点生存尊严吧。

## 正义狗仔队

遇到一个骄傲的娱记：“像我这样的狗仔队，香港差不多有一百个，但在内地，全部加起来最多三四个。”

时值维多利亚·贝克汉姆在上海点评精英模特大赛之际，可怜的小狗仔四天里加起来只睡了三四个小时，为的是全程监视佳人的芳踪。从车队司机、餐馆招待、酒店保安那里，他发掘出比一般的娱记多出数倍的线索。他甚至知道维多利亚还跑到威海路上的一家名牌赝品店兴致勃勃买了一个假名牌手袋和两个打火机。

“我所要做的是尽可能地还原真实。”

名牌大学中文专业的他曾经在图书馆工作过一段时间，当感觉到本地报刊的娱乐新闻和境外媒体的差距后，他决定投身这个行业，写一点能让自己读得下去的娱乐新闻。

不知道有多少娱乐记者认真想过自己为什么在做娱记？不知道又有多少职业人认真想过自己为什么在从事这个职业？

一个经常翻别人垃圾桶、时刻有被人扇耳光危险的职业尚且能够被他经营得有滋有味，更何况你我？

对绝大多数人来说，职业不过是个谋生的手段。幸运一点、努力一点，职业就意味着别墅豪宅、房车美酒；不幸一点、懈怠一点，职业就意味着挤公车、睡上下铺、月中的时候钱袋就开始瘪下去。这样的人，至今活在温饱层面，和猪猡有一拼。

或者，职业意味着在别人眼中的位置。有个总裁、董事长的头衔，职业就意味着荣誉、地位，如果多年后还只是个初级办事员，职业就成了一个耻辱，压得自己抬不起头来。这样的人，至今仍在对别人摇尾乞怜，和宠物猫狗有一拼。

还是这个小狗仔可爱，一切甘苦为了自己。

可爱的人，哪怕是个钟点工也一样可爱。朋友家的钟点工阿姨，坚持使用一种杂牌子的酱油，而不是朋友喜欢买的那种台湾产的名牌酱油，原因是："这种酱油有一种天然的谷物香味，细细地品尝还有一丝甜味。"

如果不是发自内心喜欢自己的工作，不知道她的味觉是否还会同样灵敏。

我有个聪明绝顶的同学，从事着一个"无聊透顶"的技术支持工作。他形容自己的上班状态为"半梦半醒之间"，只用20%的脑力工作，像一只电压严重不足的灯泡。晚上回到家才开始正常运行——研读科幻小说。

有时他也想：如果把白天的时间用来写科幻小说，一定比现在有趣，而且名利双收。

不过他终于没这么做。毕竟是两个全然不同的职业领域，想想很容易，做起来就很难。如果万一失败了……

大部分人和他一样，想的是一回事，做出来的又是另外一回事。不过上文提到的小狗仔是个例外。

## 螺丝钉的英雄气概

武侠小说里，英雄们总是泰山崩于前而面不改色。那种冷静与从容，让人倾慕之余，不禁蠢蠢欲动想模仿一回，体验体验当英雄的滋味。只是英雄是用来让人仰视的，而职场中需要被仰视的角色屈指可数，大部分是被人俯视的小螺丝钉。

对职场中唯一的英雄人物——老板来说，小螺丝钉无须具备什么英雄气质，一板一眼把事情做好就成。甚至有些时候，如果小螺丝钉一不小心拥有了英雄气质后，不仅不会得到老板的欣赏，反而会被怀疑和误解。

咨询公司公关部经理张立就是这样一位不幸拥有着英雄气质的小螺丝钉。她的军官爸爸不仅给了她一个中性的名字，也给了她一种极其冷静从容的性格。在公司的一次危机公关中，老板拉着观音脸跟公关部的成员开了紧急会议后，张立若无其事地回到座位上，有条不紊地开始打电话、写新闻稿、发E-mail……虽然事情一样没少做，但在自己的办公室里干着急的老板却再也坐不住了，他跑到张立跟前狮吼："怎么到这个时候你还不紧不慢的？"在这个时候，老板本以为自己会看到一张张有点惊恐的愁容，听到音量比平时略大，语速比平时略快的电话声，闻到弥漫在空气里的紧张味儿，没想到一切如常，至少这位公关经理的表现和平常没什么两样。叫老板怎能不气愤？

有的时候，容易紧张的人的确能得到某些老板的好感。一次我见到一位家里出了点事的同行，几乎带着哭腔央求她的同事帮她处理一点公事。得到答允后，她激动地拥抱了一下同事，连说了12个"你真是太好了"。尽管她的同事和我一致认为她的表现有点夸张，但我们都觉得她是个善良、有礼貌的人。她的老板也很喜欢她，认为她做事认真、谨慎。

当然，这并不是说那位从容不迫的公关经理做事就不认真、不谨慎。如果她在有条不紊的工作之余，还能像她老板预期的那样，表现出适度的紧张、不安，也许她就可以打一百分了。因为老板一旦把这种紧张情绪成功地传递给下属们后，自己的心理负担就卸下很多。甚至可以这么说，老板的紧张，其实并不是自己觉得紧张，而只是希望借此带动起下属们的紧张。如果人人都紧张不安，活儿自然不会差喽。

这是不是就是说那位不善于让自己紧张的公关经理就非得装出一副紧张的样子呢？也不一定。据我所知，这位从容不迫的小螺丝钉在发现问题后及时找她的老板进行了一次从容不迫的谈话。从此之后，老板对她刮目相看，动不动就说："张立和别人不一样，她是在部队大院里长大的。她才不会像其他人，一有点风吹草动就不知所措地傻子一样站在那里！"

## 最牛的秘书

这个称号非Lily莫属。

她是我们前任老板的秘书，不知道是因为入了加拿大籍，还是嫁了个有钱老公，行事风格显得与众不同。

一次例会上，老板请Lily倒杯咖啡。Lily的回应是："对不起，我在整理您明天的发言资料，现在很忙。"然后昂首走出会议室。众目睽睽之下，老板只好尴尬地起身，自嘲道："自己动手，丰衣足食啊。"Lily偶尔也帮着倒咖啡。比如心情好的时候——收到了朋友的礼物，或者晚上要看演唱会；有事请老板帮忙的时候——想提前半小时下班去学拉丁；或者对老板的辛苦表示同情的时候——老板又要熬通宵了。当然，泡完咖啡，后面的一句话就是："老板，我可以先走了吗？"

同事们体会到Lily的厉害是因为一次复印事件。那天，Lily正在帮老板复印一堆材料，一个同事走过来，拿着一份文件对她说："麻烦帮忙复印10份好吗？"Lily很客气地回话："对不起，这不是我的职责。我只担任老板的秘书，并不担任你们所有人的秘书。"

你可千万不要以为Lily很不称职，或者人缘很差。事实恰恰相反。

她把老板的日程安排得非常出色，总是能够聪明地回绝老板不想听的电话，在老板不愿会客的时候说："老板在开会。"不管老板的手机是关机状态，还是待在离我们刚好十二小时时差的地方，Lily总有办法让大家的所有问题在当天得到批复。

大家喜欢她还因为她口无遮拦。

老板有天对创意总监大发雷霆，狠狠地批了一个户外广告，指着那个画面说："这样庸俗的Pose，白领怎么会喜欢呢？"恰好Lily走进来，看了一眼说："很好呀。我真的觉得很好呀。我好几个朋友都很喜欢这个广告。"一句话让创意总监感激涕零，尽管他的谢意并不被Lily接受。

后来Lily离职了。但从此以后，老板的历任秘书虽然国籍与性别各不相同，但都和Lily如出一辙。可见秘书牛与不牛，与加拿大籍和嫁没嫁有钱老公并没有什么关系。

## 人微言重

有的时候，处在卑微职位的人的一句话，往往成为高级员工职业前途的最后一根稻草。

一家贸易公司老板在为一位销售经理作年终评估的时候，刚好前台送一叠信件进来。老板突发奇想，问前台："你觉得他人怎样？"前台说："没什么特别的。但好像他的快递特别多。"经过核查，发现他的快递中一半以上是私人用途的。考虑到销售经理的业绩尚好，老板决定留用他，但为他升职加薪的念头就此打消。一句"快递特别多"致使由升职加薪沦落为留用察看。

**其实有时对一个人的评价往往就从这些细枝末节中来，常常是在你不注意的时候，别人已经形成了对你的偏见，而你却浑然不觉。**一家日化产品研发部的高级设计主任有天突然被老板问道："怎么样，最近和客户的关系处得还好吧！没有吵过架吧？"研发主任大吃一惊，吓出一身冷汗来：几时给老板留下"老是和客户吵架"这样的印象呢？快速开启头脑搜索器，仔细回忆了近半年来的职业生涯，依然毫无线索。最后还是老板解开了这个谜："有天你不在，实习生帮你接的电话，好像是哪个客户对你有点意见。"其实什么意见都不是，不过是客户提出了一项无理要求，被研发主任婉言拒绝，有点不开心罢了。老板得知真相之后，哑然失笑，摇着头说："人言可畏，人言可畏。"研发主任从此摘掉了"老是和客户吵架"的帽子。

其实研发主任已经算是走了乌龙运了。如果老板这天没那么巧刚好看见他，也没有那么巧刚好问他这句话，这个冤假错案将一直跟随着他，不知会白白丢失多少个升职机会。

有位部门副经理曾经很苦恼："开会的时候，我一般不发言。因为决定权在部门经理手上，我说了也没有用。"但他忽略了一点，他的发言，可以左右正职经理的决定，有时甚至会颠覆正职经理已有的决定。

善于从副职坐到正职的人一般都很会利用自己"左右决定"的权力。连前台和实习生的一句话都能产生这么大的效用，更何况是个副经理呢？当把左右决定的权力使用到最大限度的时候，差不多也就是被扶正的时候了。而那个一言不发的副经理呢？就算是正职跳了槽，公司也不会让他升职，而是会请一个外面的和尚来念经，他还是继续做他的副经理吧。

## 请问你是谁

好莱坞战争片中，最打动我的场景是这样的：年轻的士兵遇到军官肃然立正，然而依旧公事公办，骄傲地大声喊道："某连下士某某某，请您出示通行证！"

一个下士都可以当得这样气冲云天。

有的人做了总经理还不如下士有气概。供应商说，本周无法到货。哦哦，那下周吧。客户说，余款再宽限两天啦。好的好的，再给你两个月时间。董事长说，你怎么可以这样办事呢？对不起，对不起，以后一定改正。

结果总经理做得还没一个部门经理像样。

成龙演过电影《我是谁》，讲的是一个文明人落入原始部落后失忆的故事。现实生活中，有的人不必失忆也不知道自己是谁，比如那位软弱的总经理。他好像对自己的职位所意味着的责任感与荣誉感毫无认识。因此即使穿着一身"总经理"的盔甲，藏在盔甲里的依旧是软弱的低级助理的身躯和脑袋。当然啦，这一点绝不会瞒过职场上老将们的火眼金睛，否则为何大家联手来欺负他呢？弱肉强食，本来就是生存真理。

请问你是谁？同一个职位上的人，会用自己的言行给出全然不同的答案。

曾经有个公司前台，让我们的行政经理大为光火：快递公司拒绝在晚上送快件；装修公司要求我们预付装修费；就连送水的小伙子也只是把水放在门口转身就走……在行政经理的呵斥下，前台小姑娘很委屈：我只不过是个前台而已……

可是上述那些“刁民”在我们现在的前台那里就变成一副低眉顺眼的样子：

张小姐，请问这个快件需要什么时候送到？晚上十二点？没问题。张小姐，请问这桶水要不要现在装上？好的，我马上帮你装……

不为别的，只为张前台懂得对他们说：你不可以这样，你必须那样。

你必须听我的，因为我是前台。

为什么这个道理那个总经理就搞不明白呢？

总经理意识不到“总经理”到底是谁，但有时候，总经理助理却对自己的职位有着过度的理解和认识。

在一家贸易公司里，有个总经理助理做得比董事长的派头还大。他最喜欢的是发布命令：Jenny，帮我把手机费付一下。小李，那个文件怎么还没准备好？而遇到客户，他喜欢这样介绍自己的同事：这是我的员工。

**在职场的舞台上，有的人演小卒，有的人演将军。也有的人会串了角色，明明该演小卒，却演成了将军，一时忘了自己是谁了。**

## 爱占便宜的好员工

有个同事特别会利用实习生，他不仅可以让实习生端茶倒水、搜集资料，甚至能让他们做出刮目相看的PowerPoint文件，自己仅仅是坐在一边动动嘴巴而已。许多同事很为实习生抱不平，并指责他把实习生的功绩据为己有，唯有老板不仅装没看见，甚至多次暗示大家：看看人家，多会运用资源。

反正实习生是没有工钱的，老板才不在乎文件是谁做的呢，只要文件做得好，只要你保证实习生不会为此打版权官司。

有个杂志社的编辑最头疼的就是明星经纪人Linda。她手上的明星，说大不大，说小不小，虽然演过一串热播电视剧，但一提名字，还是想不起来的那种。每次她都苦口婆心来推销，请求为她的明星拍照作采访，恨不得杂志能从头到尾做成这个明星的专辑。为了达到这个目的，Linda的做法是一天一个电话，每天请晚饭，甚至逼问编辑：为什么她就做不了四页呢？你倒说说看理由！

Linda成功地占到了各种便宜。她手上的明星总是能够出现在各类杂志的重要版面上。其实比起其他的明星，她的俊男美女们也不是特别有优势，但几乎所有的编辑都不想得罪她，为了尽快躲开她的密集型电话炸弹的骚扰。

喜欢占小便宜的人，不仅仅是买鲜鱼的时候会选择在最佳时机出现在菜场，在公司做事的时候，往往也比竞争对手更善于钻营。

有次公司来了个重要客户。偏偏城里所有的高级餐厅都客满。老板派了个快递守在餐厅等候别人退包房。这时，正好有间包房的客人迟到，快递开心地往里走时，突然杀出个程咬金，一把拦在他的前面，抢先冲进包房。原来是另一家公司的快递，在为另一家公司等位置。

第二天，老板辞掉现有的快递公司，和抢到位置的那家签了约。

## “闲暇”成了稀缺资源?

一位80后向我抱怨，她实在是忙得飞起来，一点“闲暇”都没有。天天加班吗？也不是。除了工作外，还有太多的事情要做：比如玩任天堂的Wii网络游戏，朋友之间的K歌、饭局等约会，看新出来的美剧，更别提那大堆大堆买来还没拆封的DVD了。商品经济如此发达，消磨“闲暇”的东西越出越多，而且越来越便宜，以至于“闲暇”反倒成了稀缺资源。

有位女精英大忙人在拜访了法国南部小镇的一位友人后，回来最大的感悟就是：原来一个人静静地待在家里也可以生活——在阳台上坐一会儿，喝杯咖啡，在沙发上看看书……她原来回到家后就会习惯性地把所有能发出声音和图像的东西打开，如果没有工作可以做，就马上拿出手机约人出去玩。她的生活被分为两部分：一部分是忙着工作，打拼天下；另一部分是忙着娱乐，享受天下。被法国友人的生活方式触动后，她试图给自己建立另一种消磨“闲暇”

的生活氛围，但没坚持两个礼拜就迅速放弃了，她发现自己已经无法忍受没有听觉和视觉刺激的生活。

事实上她的生活方式正在被无数年轻人效仿。一位刚工作两年的年轻女士曾对我说过：我生活中主要就是两件事，上班挣钱，下班花钱。这位年轻精英月入已然不菲，经常需要加班的她以购物和换发型为工作之外的乐事。

有位欧洲学者指出，“闲暇”的稀缺会导致思想和创意的匮乏。思想和创意是否一定要在安静和独处的环境中才能产生，这还有待于学者们进一步研究，但越来越多的设计师不约而同地选择离开城市，去孤僻的岛上离群索居一段时间，可能与此有一定的关系。虽然嘈杂的环境容易让人忘却孤独，收获欢乐，但相信对大多数人来说，理清思路还是在安安静静的氛围中更有效率。

只是快节奏和程式化的工作及休闲方式已经让现代人在面对闲暇时手足无措。精干的城市人在解决和处理工作及生活中的难题时往往指挥若定，一旦闲下来，再无人事叨扰时便心里发慌。比如一位刚换了工作的朋友，终于烧完了新官的三把火，稳住局面后，发现自己可以在晚上七点前下班了。突然，他不知道该怎么办了。对他来说，一个人在家里应对着“闲暇”，还不如在办公室扑火更快乐。

## 第二部分

# 职场油条期

- 职场菜鸟 VS 专业人士
- 专业人士 VS 成功人士
- 服从老板 VS 驾驭老板

# 第一回合：职场菜鸟 VS 专业人士

专业是可以伪装的，

自信是可以修炼的

工作是门技术活儿，就像前台拿起电话要先说公司名称一样，是有规矩可循的。你可以不喜欢按这些规矩做，但你只要装作很高兴地按这些规矩做，就会被人认为很“专业”。等到你装的时间久了，被周围人认可了，也许你会发现，你已经从骨子里变得“专业”了。

## 我们可以更职业

有位朋友住酒店时想在深夜一点的时候收一份传真，但酒店商务中心关门了。朋友找到经理甲，不行，又找到经理乙，还是不行，最终只好闷闷不乐等到翌日白天再收。

但有趣的是，同样是碰了壁，他却认为经理乙比经理甲更职业。原来经理甲在知道这件事后，就开始询问：是什么样的传真啊？一定要今晚收吗？为什么一定要传真，不可以扫描之后用E-mail吗？等等。而经理乙什么也没问，只是礼貌地解释：对不起，我们商务中心的传真服务时间是上午九点到晚上七点。夜里的传真可以在第二天一早来取。如果您实在很急，可以试试附近的二十四小时便利店。

朋友认为经理甲的不专业之处在于：一、把别人都当傻子。你以为你想到的那些问题我没有考虑过吗？二、作为服务人员，没有提供建设性的服务。既然酒店没有这项服务，就应该帮我一起开动脑筋寻找其他的解决方法；三、没有基本的礼貌。就算他开拓不出别的思路，也没什么可责怪的，只需要礼貌地解释一下这不是他们的服务范围即可，但他连这一点都没有做到。

由此可见，尽管做的是同样的事，职业化和不够职业化的区别有多大。

简洁明亮的办公室里，职业化的言行举止是让人赏心悦目的一道甜点。它包括彬彬有礼的笑容，轻快急促的步伐，简洁明确的答复，客气但音量柔和的谈话声，当然，还有得体的衣着等等。当然，这只是表面现象。真正能够把一切事情的轻重缓急摆得很平，并且即使遇到不愉快的事，也能够让涉及的所有人都认为自己被尊重了，从而愉快地接受那个解决方案，才是个中高手。

被认为很职业的总经理助理简小姐经常拒绝老板的要求。最开始，老板试图让她一起出席一些商务晚宴，但她总是礼貌地回绝：对不起，今晚男朋友约我看电影；或者，哦，今晚我要去瑜伽馆……彬彬有礼的说辞后面藏着一个意思：我只是秘书而已，我的责任到下班时间为止。晚上的时间是我自己的，请不要打扰我。她经常做的一件事是在下班前五分钟给老板一个电话：还有什么需要我做的事吗？这其实是在提醒对方：没有的话，我就走了。

**职场上的事，双赢的，彼此都愉悦的少，难堪的、需要谈判和拒绝的多。职业的做法，可以让后者在一个最愉快、最有效率的状态下进展并找到出路。**同样是做秘书，如果不够职业的话，大概只能委屈自己，牺牲掉晚上的时间，然后在郁闷的情绪中工作了。这样的后果是，虽然投入了大量精力和时间，却会被认为不够职业。

为了避免这种吃力不讨好的事情发生，你需要一些职业规范让自己更职业：

一、明确自己的责权利。不该管的事管了，是不职业，就像酒店经理甲；该你管的事却被别人插了一脚，同样是不职业。遇到后者，就要彬彬有礼地反击，直到让对方撤出你的领地为止。但不是你的责任的，就可以大方回绝，比如陪总经理出席晚宴之类。当然，想出风头的秘书也可以趁此机会露露刚买的小礼服，但出风头的后果很可能会被公司同事认为不够职业。

二、礼貌礼貌再礼貌。再严厉的拒绝和反击，都需要在一种礼貌、理性的行文和行为中发生，虽然这样的礼貌被有些激进人士认定为虚伪。但必要的虚伪可以让事情更有效率地进行。

三、做任何事、说任何话都为自己留出余地。少用绝对的说辞，比如：这肯定不行之类的。可能、也许之类含糊的词汇有时会起到不错的效果却不伤对方感情。遇到自己拿不定主意的事情要勇于“暴露”自己有限的责任范围，比如：这个，我需要请示一下我的老板之类的，为自己赢得回旋的余地。这样的好处是会被对方认为你是一个老实可靠的人。

在熟谙了这些让自己职业化的小伎俩之后，有些高层人士会故意反其道而行之，比如在严肃的会议上向同事挤眉弄眼制造气氛，或者故意在办公室高声喧哗，甚至当着众人的面，毫不留情地辱骂员工，等等，那都是他们在深思熟虑之后演绎出来的风格各异的管理技巧，跟职业或非职业无关。或者换一种说法，只要他们是成功的管理者，哪怕喝醉了睡倒在办公室里都可以被看做非常职业。

## 笑一笑，很走俏

这个标题，乍一看很有点“卖笑”的意思。写字楼里，没有人专门收购笑容，但笑容的确让你变得很好卖。

两个女生一起来我们部门实习，一样的学历，一样的实习期，工作质量和数量也不相上下，长相也是一个档次。老板痛苦地斗争了一番，最终选择了其中一个，获选理由是：“她总是笑嘻嘻的。”

谁想天天和一张苦瓜脸对坐呢？

有些老板很有意思，他们从来不用你费尽心力去谋求的素质来形容员工，比如：专业、精明、业务能力强等，他们爱用的形容词是：腿脚活络、喜欢笑、穿得精神和网球打得很好等等。或许对老板们来说，这些特点比一张MBA的文凭更值钱。

一家女性杂志社招聘编辑，应者如云。从服装学院的研究生到国外读完MBA回国淘金的留学生都有，最后一位在国内读书的大专生被录取了。原因是，她会穿衣服，每次总把自己收拾得简洁干净有品位。而那些才女，不是穿得太土，就是太累赘。主编的观点是，连衣服都不会穿，能做什么女性杂志呢？

也许这些都是特例，也许这样的老板都比较偏激，但他们也有他们的道理。能够做事的人，实在太多了。**真正需要竞争的，并不是基本的做事的能力，而是是否能把事情做得更好的潜力，而性格的特点、人际关系的多少和是否有更高远的生活追求正是衡量这种潜力的关键。**

有个男孩，大学里学物理，自学计算机。从一家国有研究机构辞职后，居然壮着胆子应聘著名的跨国计算机公司。他平时喜欢读竖版的书，认识不少繁体字，没想到竟对上了老板的路子，一见如故，立即录用。要知道，他单靠着这一招繁体字的功夫，不知打败了多少专业出身的精兵强将呀。

是不是有必要检阅一下自己的特质了？看看有什么可以拿出来卖的？

## 简历也可以艺术化

我见过不少本科大四学生和即将毕业的硕士研究生的求职简历。他们中的很多人都喜欢把自己在校期间参加过的一堆社会活动罗列其中。但对于一个向媒体的编辑部门求职的人来说，就算拿了再多的奖学金、参加了再多活动，也没有一篇角度新颖、思路清晰、文笔简洁的文章更有说服力。因为首先那些社会活动的规模难以界定，就算它们有些知名度，应聘者在其中的角色分量也很难辨别。我也见过一些前来应聘初级、中级岗位的有工作经验的简历，惊讶地发现这其中不少人以前的工作履历成绩斐然，经常见到“经理”、“项目负责人”、“总监”等头衔。作为主面试官的陪同者，我暗自揣度这样的自我介绍未必能得到我身旁主考官的认同，他只想招一个熟练工人，而不是给自己找个竞争对手。

一般初级应聘者都喜欢把自己打扮成具有决策者特征的选手，在谈到以往工作经历时，喜欢用“组织”、“策划”、“发起”、“管理”等暗示自己有管理者特质的词汇，而实际上他们应聘的岗位通常需要的是有想法、但更重要的是有执行能力的人。

给简历化妆是个全球性的问题。一家总部位于伦敦金融城的职前筛选机构Powerchex对4000份大学毕业生的求职申请的调查显示，在应聘金融业职位的人中，有22%的人简历“作假”。手法有下：一、隐瞒不报，故意遗漏平庸的学业成绩和在校违纪的记录等；二、夸大业绩，比如把给人当助手诠释为“组织、领导”。而据我的多年观察，综合中国职场某些实例，应该还有两点：一、有意误导，比如把肄业于某知名大学的事实简写成“2002 知名大学”，让人误以为是毕业于该校；二、刻意忽略，把历时太短或者不太光彩的职业经历轻轻抹去，就当根本没这回事。我有位朋友工作十年来一共做过11份工作。他对简历的处理方法是留下其中四至五个与应聘职位相关的经历，并把它们的工作期限拉长。欧美流行的在简历上留下证明人的做法在中国实施效果不一定好，因为中国职场的变化实在太快。五年前你工作过的地方，很可能早就物是人非，甚至已经关门大吉。

在一个新闻发布会上，一家法国著名企业的市场部经理为了表明对自己所服务公司的欣赏，说了这样一段话：在来这家公司之前，我至少换了十个工作，我在这里已经工作九年了，我发现自己终于找到了一家愿意为之服务一生的公司。她是个称职的市场部经理，她的经历至少证明，即使背着频繁跳槽的历史包袱也能找到一份好工作。但是我很怀疑她在进这家公司的时候，是否在简历上如实列举了那至少十个工作。又或者，六个月以下的工作经历，是否可以被约定俗成为忽略不计？因为我曾经目睹过至少两个人因为简历中有过度频繁的跳槽记录而惨遭淘汰。

还是拿这位曾经频繁跳槽如今终于稳定下来的市场部经理举例吧。如今她拥有了一段用时间证明的真实可靠并值得尊敬的工作履历，至于她进入这家公司的简历当初到底有没有被美化过，似乎也变得不那么重要了。但随着时间的流逝，真相还是会被职场八卦无情地揭露出来。“谁根本没从英国那所名校毕业”或者“谁是被前公司开除的”之类的传闻会热情地四处流窜。**如果简历被打扮过的部分为谋得工作起了关键作用，那么能维持住工作并取得职业发展的，一定是没有被打扮过的那部分。**

## 自信修炼大法

曾经给成名前的周杰伦拍过照的摄影师悄悄告诉我：那个时候的周杰伦觉得自己长得不好看，拍照时只敢拍侧面，而且因为不好看，只能朝“酷”的方向塑造自己。如今有百万张唱片销量的业绩傍身，千万级别的广告合约在身后排队，就算他嬉皮笑脸地笑着，自己也觉得自己很有型。有了自信之后，到底不一样。

除了精神病患者之外，大概没有人是生来就有自信的。大多数人在自卑——取得成绩——获得自信——上一个台阶——再次自卑的循环中痛苦挣扎，永不停息。

自卑的时候，有的人需要一些外力辅助自己树立信心。

比如衣装。有个长得不漂亮的市场部经理认为咖啡色套装能给自己带来自信。其实她肤色黄中带黑，咖啡色不仅不适合她，还会夸大她肤色的缺憾。奇怪的是，她穿上咖啡色套装后真的像换了个人似的，气宇轩昂，笑容到位，腔调十足。这充分说明，人有多大的信仰，就能产生多大的精神力量，哪怕这信仰只是区区咖啡色。

有的人喜欢在否定别人的基础上建立自信。比如某些新来的老板。无论下属提出什么方案，他们的第一反应总是No，生怕自己被下属蒙骗了或者欺负了。当下属被太多莫名其妙的“No”搞得无所适从，只能消极地对新老板听之任之的时候，也正是新老板的自信修炼成功之时。既然信了自己，也就开始相信自己看人看事的眼光，以前被慢待了的人或事渐渐被平反，一切恢复正常。

还有的人需要别人不断地鼓励才能找到自信。有经验的摄影师在给模特拍照时喜欢对她们说：好！很好！非常好！太漂亮啦！继续保持！一边夸着，一边飞快地按着快门。其实相机里是没有胶卷的。等到模特被夸得神采飞扬，以为自己是天底下最美的人时，再装上胶卷开始拍摄。比起用咖啡色修炼自信的人来说，这种自信修炼大法显得过于被动，万一没有人来夸可怎么办呢？

没有人来夸就自夸。因此有人开始说大话：我祖上是满族八旗子弟；我的男朋友在上海有八处房产；我考上哈佛MBA了，不过不太愿意去……这些事是不是真的，没有人知道。但这些说辞的确让有些人自信上身却是大家有目共睹的。

否则又怎么办呢？既没有权力否定别人，又得不到别人的称赞，而且还找不到咖啡色来壮胆，只好自己给自己一个幻觉，把自信培养起来。可是这种全真空培植的自信，有时力量往往大得惊人。不信，看看芙蓉姐姐们的生猛表现吧。

## 如果当初不说Yes

第一个不情愿的Yes，发生在报到后的第三天。老板要求当晚完成一个文件，加班到夜里十二点。毕竟刚来不久，正当表现，咬咬牙就过去了。

第二个不情愿的Yes，是被迫放弃现有的一个Case，抽身去做另一个全新的。摆在门口的业绩被别人拿了去。只因遭老板恳谈了一次，表扬加鼓励，脑子一热，竟同意了。

说第三个不情愿的Yes时，正收拾行囊，去总部培训。没想到公司说：今年没Budget了，明年行吗？

向友人抱怨老板的跋扈、公司的抠门时，被友人痛斥：你自找的。老板的横，公司的抠，都是员工惯出来的。就像薛蟠之于夏金桂，新婚燕尔，凡事未免尽让着老婆，哪想到对手一步紧似一步，两月之后，薛蟠的气概早已矮到可以忽略不计了。夏金桂的霸道的确可恨，更可恨的是薛蟠居然能够容忍。既然有这样可贵的涵养，如果不利用，岂不暴殄天物？

既然你有这么好的脾性，公司如果不让你发挥，岂不是误了千里马的前程？或者，岂不是活活浪费了公司的资源？

其实，不说Yes又能怎样呢？

拒绝加班，无非是推迟一天完成而已。事情是做不完的，除非特殊情况、火烧眉毛，否则你会发现连夜赶出来的文件，也只不过是候在老板的办公桌上而已。第二天下午交差，照样不会误事。如果不说第二个Yes，自有别的替死鬼顶上。马照跑，舞照跳，你的前程依旧灿烂似锦。如果不说第三个Yes，Budget的缺口一定会转向别的倒霉蛋。Budget总是短缺的，不是这堵墙，就是那堵墙。如果你计较，就去砍那些不计较的人。

**Yes惯了的人，一旦说No，会有种负疚感。不过不要紧，No的次数多了，你就会发现，有负疚感的，是那些希望你说Yes的人。**

## 哪怕只有一个亮点

以前做杂志的时候，评刊会上请来的各路神仙最喜欢说的一句话是："翻完这本杂志，哪怕只有一篇文章能留下来，也是好的。"这句话的潜台词是：你们这玩意儿不灵，翻完以后，跟没看过似的，没什么能记得住的。

说得容易，"哪怕只有一个什么什么"，这恐怕就是当前企业家们最喜欢探讨的竞争力之源——不可替代、不可复制的神秘因素吧。

有位创办广告公司的钻石王老五正是这种"哪怕只有一个什么什么"的奉行者。他招来的员工，全是个性类的，有的学历平平，看上去也毫无灵气，但心思之缜密，做事之认真，无人能出其右；有的是弗洛伊德的崇拜者，热衷于挖掘周围人小时候可能受到过的性侵犯或潜在性侵犯，但做出来的广告创意，倒还真的有点玄，有时候的确能把客户唬得一愣一愣的；还有的人性格暴躁，甚至敢当着客户的面发火，但讲话的逻辑性很强，而且有本事保证客户在被他发过火之后，依然不会愤然离开。

一堆怪人组成的公司生意还算红火，但"哪怕只有一个什么什么"的金律放在婚姻市场上则屡战屡败。这位钻石王老五相过无数次亲，没一个成功的，老是埋怨对方虽然各方面都还凑合，但缺乏那种"哪怕只有一个什么什么"之类的亮点，比如，外形很好——有像模特一样傲人身材的那种，家庭背景出色——最好父亲是部级以上干部，哪怕会讲阿拉伯语也行啊。用他的话说，如果有了这一个亮点，其他的缺点，比如学历平平，或者长相一般什么的，都可以忍受。然而，这样的候选人一个都没有；相反，倒是各自都有一些不可替代、不可复制、让人挥也挥不去的缺点。

被他淘汰掉的有长相甜美的英国文学研究生——人际关系上过于幼稚；名牌大学毕业的海关检验师——晚上需要上夜班，这怎么行？性格温和但喜欢孩子的幼儿园老师——对男人的依赖太强……唯一看得上眼的，是一位保险经纪人，明显的亮点是“非常努力，一个女孩，没有什么家庭背景，单枪匹马闯出一片天地”，但遗憾的是人家看不上他。因为人家除了这个亮点之外，碰巧长得还挺漂亮，而且收入也很不错，早就自己买了房和车。这一次，是他在人家眼里，缺乏那种“哪怕只有一个什么什么”的竞争力了。

## 忙得像“成功人士”一样

这简直是所有上班族的必备基本功，无论古今、中外、职位高的和职位低的。

**因为如果你没在忙，就是在渎职，就是在亏待公司用来买断你的时间的薪金。**

**当然，并不是所有的老板都这样想，但总有人这样想。**

我曾经笃信"工作量＝工作效率×工作时间"的公式，并试图以高效率收获一点空闲的时间。后来发现，一件事的结束，总能衍生出枝枝节节的其他杂事。首先，它得接受众人七嘴八舌的评价吧，只要有两个以上的人参与评论，总得有些不同的意见吧，既然还没到deadline，那就请您再完善一下？或者，下一个Case又要启动了，既然你完成了手头的任务，就先加入先遣部队吧。还有的时候，当你成了一个闲人，一些本不该你管的事也落到你的头上，比如：资料的搜集，甚至办公室的行政杂务。更为可怕的是，速度过快地完成任务，还会遭到可怕的怀疑：你是不是没有尽心尽力呢?

所以不忙也要让自己显得很忙。

没事的时候，可以聚精会神对着电脑，像是在写文件，或是查资料，尽管其实是在聊天；可以多到传真机那里走走，好像忙忙碌碌收发传真的样子，其实是在看窗外的街景；可以给友人们打一圈电话，温习一下感情，但一定要正襟危坐，看上去像是对客户感情投资一样；甚至可以多喝水，多去洗手间，但步履一定是匆匆的，显出为公事争分夺秒的样子。下班前，是一定要再去一次的，这种琐事，当然尽量要在公事的时间消灭。

一段时间后，有趣的事情发生了。在履行上述行为时，你会从心底里觉得，自己真的很忙，忙得理直气壮，忙得趾高气扬，忙得像成功人士一样。

## 二等智慧刚刚好

刚进外企的时候，觉得这里简直是庸人的天堂。看不到令人怦然心动灵感乍现的刹那，听不到破除黑暗咒语的只言片语，更感受不到天才现身前的那种悸动。有的只是口若悬河的聒噪和忙不完的细枝末节的琐事。为了小表格的形式，可以大动干戈争执半天；若是一个中等规模的创意，更不知要惹起多少次唇枪舌剑，最后大多是把众人的绝“妙”主意斩头去尾，留下一个不像你，不像我，也不像他的议案。

聊起来才知道，与我所见略同的大有人在。原来大家都是英雄，只不过到了这里，通通成了穿着看不见的制服的面目模糊的庸才。

就算你是爱因斯坦，也没人抬举你。你的一等智慧相对于公司正如上好的红木家具配在简洁装修的现代居室里，横竖不合适。

**有个公司的部门主管说：我不要天才，只要一些中等智力并且肯干的人就可以了。这应该也是大部分主管的心态：就算你绝顶聪明，不服管，不好用，与我何干？**

但是打工的人并不能完整地认识到这一点，总是披荆斩棘地向一等智慧逼近，于是开始与公司与老板意见相左。拎得清的人，或许懂得适可而止，龟缩到二等智慧上，一切太平；拎不清的人呢，斗个头破血流之后，不仅丢掉原来的位置，还落得一肚子恶气，然后世上多了一个怀才不遇的怨夫怨妇。

总的来说，一等智慧多呈现出“我要……”“我认为……”“我想……”的形式，从自我出发，智慧之光一泻千里，无拘无束地跳跃着。而二等智慧就委屈很多，呈现出各类被动状态：“我需要……”“我应该……”“我只好……”将“我”用各种权且之计束缚起来，很不痛快。

经验是，在外打工的时候，用用二等智慧足矣。把一等智慧留到将来，自己创业去吧。

## 年终总结有技巧

有位熟谙夫妻相处之道的心理学家告诉过我，夫妻沟通要有艺术性。比如：称赞对方时，要重视行为的意义，而轻视行为本身——对方出门的时候顺手把垃圾袋拎出去了，就可以被称赞为有家庭环境建设的主人翁精神并起到了积极带头作用。批评对方时，则完全相反，要重视行为本身的错误，而绝不将其与任何意义相连——客厅开着空调，对方出入卧室却总是忘了关门时，应该这样沟通：你又忘了关门了。而不能说：你从来不关心这个家。这种沟通艺术让我茅塞顿开，其实面对年年岁岁花相似，岁岁年年人不同的年终总结时，又何尝不需要这种艺术呢?

一、重视意义，轻视细节或数字。这一条尤其适用于细节和数字看上去不太美时。比如在数字新媒体、3G技术蓬勃发展的今天，一个市场部经理即使只是在数字频道或手机电视里成功摆放了一个企业Logo——这其实是件特别简单的事，而且花费很少，也值得在总结中吹嘘一通：与时俱进地将品牌用最新传媒手段向其所覆盖的高端人群推广，维持并更新了品牌的新锐、高端度。至于手机电视、3G究竟有多少用户，这种细节问题当然没必要在年终总结这么重大的文件中详说了。

二、重视数字或细节，轻视意义。这一条适用于只懂实干，却不善于总结意义和概念的“革命的老黄牛”。比如：在过去的一年中，我们品牌成功入驻了78个二线城市的285个商场专柜，共设计并摆放过56种共3897块户外广告之类。所谓没有功劳，也有苦劳嘛。

三、重视亮点和口号，轻视所有其他的业绩。这一条特别适用于除了一两件事之外，其余什么都没干的精英人士。比如一年只办了一次展览的画廊经理人，就要把这一次展览的亮色往死里渲染：此画家深受法国后现代艺术流派的推崇，是当今世界抽象画作的宗师，所展画作大部分为世界首展，重要性堪比罗浮宫1975年的那次划时代展览等等。至于口号，最好能找到把自己做的一件事总结得特别漂亮的句子。比如美国总统尼克松可以这样总结自己：我把人类送上了月球。你也可以在年终总结中写道：我让销量翻了一倍，或者我让销量不再下跌。

四、重视将要做的事，强调观察到的事。这一条适用于甚至连一件事都没做的经理人——也只有经理人才有资格使用这一条了，尤其是经理人的经理人也适用这一条的时候。把你的观察和结论化为雄心壮志写在纸上，至少看上去好像你还在思考。而且万一其中一个想法击中了你老板的神经，拿个全A都说不定。

五、重视想法的全面性，轻视细节的完整性。如果你不仅一件事都没做，甚至连平时的观察都懒得实施的话，至少还能运转那个有大学文凭相傍的脑袋，沿着“提出问题—分析问题—解决问题”的三部曲，空想出一篇明年的战略论文。具体段落可参考各国“政府工作报告”。

六、绝对不要让阅读你年终总结的人看透你的写作艺术，如果真有人阅读的话。

我的经验是，艺术源自生活。为艺术而艺术的艺术终究不会长久，但不用艺术经营的生活，又容易被价值低估。说白了就是，作为一个文字作品，年终总结是需要打扮的，但无论你怎么打扮，你到底几斤几两，做过什么，大家都看得很清楚。如果你真以为年终总结写得美就能多拿年终奖的话，那你就大错特错了。

## 今天我迟到

如果一觉醒来发现按时到公司的愿望成为泡影时，我会迅速作出决定解决这件事。方案不外乎三种：一、如实请假；二、不如实请假；三、不请假。到底选择哪一种，还要审时度势才行。比如，当公司正在整顿上下班纪律，而我又不想失去这份工作时，还是如实反映情况，损失一天的薪水算了。

为了一天的懒觉，不得不面对这么多抉择，是不是有点不值呢？我说的是养家糊口的这份工作。

不过，**在有些拎得清的公司，迟到的理由还是相对容易找的。哪怕是撒谎，只要不离谱，大家睁一只眼闭一只眼也就过去了。头脑还算清醒的老板，一定不会在这种小节上跟你计较，为了这个伤了人心，不合算。**

在这种轻松的心理状态下，我的同事一次因迟到被扣了一天工资，虽然老板也算是个明君。那天开例会，她睡眼惺忪地冲到会议室。老板关怀了她一下：怎么啦？她想都没想，随口说道：去某客户公司了。话音刚落，大家就哈哈哈笑起来：人家还没上班呢。然后，老板大概感到权威受到挑战，下不来台吧，立刻将她就地正法。

这是撞在枪口上了，只能自认倒霉了。

还有因为迟到走了运的。

我们以前的行政秘书，大专生，一个看上去怯生生但实际上并不傻的女孩，因为当时极度渴望这份工作而被老板压低了薪金。工作半年后，因表现出色而报酬低廉，成为老板表功的筹码。一天，到了晌午，她还没来，并且没向任何人说明原因。老板急出一头汗，质问人事经理：是否她去面试别家公司了？

事实是，她因急性肠胃炎去了医院，又没带手机，于是没请假。但第二天老板即召她谈话，并马上给她加了薪。

# 第二回合：专业人士 VS 成功人士

成功是需要演技的，
竞争力是可以重组的

就像“妻子”和“丈夫”的角色偶尔也需要扮演一样，“员工”和“老板”的角色有时也需要扮演，有些常规戏份的台词和情节都是有套路的。

## 傻与装傻

记得刚工作不久，有位前辈善意地提醒我：工作中遇到不懂的问题，不要随便问同事，而是应该先问私交好的朋友，没有朋友就回家暗暗研究，研究不出所以然的话哪怕不懂装懂也不能向同事暴露自己不懂。一句话，不能被别人当成傻子。

可是如今，我却觉得最有杀伤力的就是傻子。记得当初公司别的部门新招了几位同事，其中一位跑来对我说："不好意思，我对这个行业不太熟，以后希望能向你多请教。"如果"向你请教"这样的说辞能够满足我的部分虚荣心的话，那么"我对这个行业不熟"之类的话按道理则是犯了职场大忌——把自己的弱点暴露给别人看嘛。事实上，正是这种傻瓜行为赢得了我的好感。在人人都把自己包装成专业得不能再专业的精英的时候，一个公然声称对所就职的行业"不熟"的傻子就变得异常可爱起来。

换一个角度看，其实这个人一点也不傻。想想就该知道，敢于对初次见面的同事承认对本行业不熟，却又对自己胜任工作的能力毫无怯意，需要多么大的勇气和自信。相信更多业务"不熟"的人会选择回到自己的座位上狂搜Google。

但有时这样的勇气和自信会让另一些人感到害怕。比如我认识的一位管技术的部门经理，在上任的第一个月内，他就向公司中国区的CEO指出，他感到公司内部技术部门的管理通路不太顺，但是“请放心，让我来搞定”。半年内，经过多次和欧洲总部更大的老板之间不断地争吵、沟通之后，他竟然真的搞定了。但这个战绩非但没为他赢得中国区CEO的表彰，反而带来了不少负面作用，比如猜忌和冷落。此后CEO经常对他使用这样的句式：“你那么能干，相信这件事情你一定能……”“你多聪明啊，这点小事怎么能让你……”然后把一堆苦活扔给他，并且拒绝提供任何资源协助。两次过后，技术经理顿时觉得自己犯了傻。

犯傻的原因是当初太逞强，没有装傻。如果当初只是把问题奏报CEO，由CEO先生想办法，或者被CEO先生勒令想办法，一言以蔽之，是在CEO先生的引领下把问题解决的，就不会被认为“那么能干”或者“多聪明”了，也许如今能得到CEO先生更多的怜爱与帮助。一时的聪明让自己成了地道的傻瓜。

这样的“聪明”如今还在各个办公室里一场接一场地演绎着。也许**直到遇上因为太聪明而犯了傻的时候，才能意识到，原来坐在隔壁那个唯唯诺诺的傻瓜，当初比自己还要聪明。**

## 修炼组合竞争力

对于我在FT中文网主持生活时尚版面的现状，一位职场金领朋友从中发现了连我自己都没意识到的组合优势：在时装杂志里，我这个关注勇气、个性、自私等虚无缥缈的精神层面多过衣服、首饰等物质层面的编辑，充其量只是时装圈的边缘人物，但是到了FT这样一个商务、商务、再商务的地方，在同事的眼里，我却成了最典型的时尚圈人士。更有意思的是，一些相处了很久的朋友竟突然意识到，原来我除了会引导吃喝玩乐外，还能写点东西。显然这些朋友是FT而不是时装杂志的读者。虽然我现在写的东西和在时装杂志工作的时候并无二致，但在他们的偏见中，在时装杂志工作的人，写的东西不能算什么东西，然而FT上刊登出来的东西，不管写的是什么，都一定是一种什么东西。

金领朋友的意思是：**会写点东西，再加上时装杂志的工作经历，组合成一种独特的竞争力——“会写点东西的时尚人士”。论时尚程度，我比不上时装编辑；论专业程度，我比不上财经记者。但若是论“懂点时尚，又懂点人文知识的编辑”，嘿嘿，对不起，我就不客气了。**

金领果然不愧为金领，不仅善于审视别人身上的组合竞争力，更善于挖掘自己的。比如他的日语+海事组合，让他在律师这个领域里独树一帜。“在海事这一块，律师圈里比我专业的多的是，但是海事案子里的日本客户，我就是做得最好的。因为他们的日语都不及我好。”显然，对于需要找海事律师的日本客户来说，与其找一个语言上无法沟通的一流的海事律师，不如找一个能够顺畅沟通的二流的海事律师喽。

当然，谁不知道最理想的组合是一流的海事律师加上一流的日语沟通能力？现实中的情况是，超人太少，凡人太多，能在一个方面稍微出色一点的人就已经是凤毛麟角了，更何况兼顾两个领域？因此，如果老是觉得自己太平庸的话，就要考虑是不是要重新组合一下自己的素质。把那些平时被忽视的素质发掘出来，弱弱联合成一种组合竞争力，也许会是职业生涯中的神来之笔。

只是自己的优良素质还剩下多少没被开发呢？一个善于批评和挖苦别人的朋友最近突然开了窍，在挖苦别人的同时，他不再执著于嘲笑别人的弱点，而是将重点转向自己身上相对应的那个长处。逻辑很简单，既然能够发现别人的不足，那么自己至少在这一项应该比人家好喽。在用敏锐的洞察力消极地对别人冷嘲热讽了十多年后，他终于把这个能力积极地用在自己身上。由此可见，自己身上蕴藏的优点，至少不比在别人身上发现的缺点少。

## 职场条件怎么谈

有位在试用期将满之际被公司以“业务素质不合要求”为由解聘的年轻人愤愤不平地提出四大条件：一、支付相当于两个月月薪的薪水，二、要求兑现试用期间价值三千元的个人旅游报销福利，三、要求享受五天带薪年假，四、要求公司写推荐信。你觉得他的要求过分吗？我最初是觉得有点过分的，尤其是第四条。但是最后他基本如愿了，因为他手中握有致命的谈判砝码。他把数月来和同事及上级之间的E-mail都打印了出来，其中几封邮件中，老板对他写下了类似“Well done”和“Great job”之类的词语。他认为这是公司对他能力的肯定，并希望公司拿出体现他“业务素质不合要求”的证据来。显然，最后公司认为，在满足他的条件和找出证明他不行的证据这两者之间，后者成本更高，于是遂了他的愿。

在了解了事情经过后，我不再觉得这个年轻人过分，而是开始检讨自己的定向思维。年轻人也没错啊，凭什么你说我不合格我就不合格啦？不合格你为什么当初还召我进来并且试用了这么久呢？在我受教育的年代，几乎还没什么人敢和机构叫板，再看看现在，“国家赔偿”四个字已经在往年的热点新闻中出现了多次。在这样的环境中长大的人，维权意识比我们这一代强太多了。怕只怕类似的事情多了后，想在邮件中得到领导白纸黑字的赞扬会越来越难了吧！而且我也很怀疑那份推荐信的诚恳度，难说其中有没有明褒实贬的春秋笔法。此外的副作用还有，在信息透明度越来越高的网络社会，有多少机构愿意向擅长谈条件的雇员敞开大门呢？下次再和机构谈条件时，这些因素恐怕要一并计算进去。

**对我们这代人来说，谈条件，最主要的是要打破思想顾虑，不要怕没面子，不要怕别人是否会谈论我们；对没有这种束缚的人来说，则要在眼前利益和长远利益之间平衡。**曾经有个国有企业的工程师对我说过，当年福利分房还未结束时，考虑到自己有被提升为副总经理的可能，为了巩固群众基础，屡次把分房的机会让给了资历比他更老的工程师。最后一次分房时，他没再让步，抱着大不了不当副总的心态要了一套大房子。如今每次回忆起来，都感谢上苍保佑，让自己作出了正确的选择。时间不同，房子的价值比重也发生了变化，对于之前分房子来说，副总经理的职位是长远利益，对最后一次分房来说，房子变成了长远利益。

把握好供需关系也很重要。只有当对方需要你多过你需要对方的时候，你的条件才会被满足。不过这个很难。有位科研所的员工听说所里要派人支援非洲时，考虑到优厚的经济补贴，报了名。当领导让他提条件时，他还真提了：一、希望在两年的时间内职务升半级，二、希望晋升高级职位的课题通过，三、希望回来后到另一个热门部门工作。人选公布后，他名落孙山。后来才知道，太多的人想争取这个外派机会。人家都在忙着给领导送礼呢，他还在吊人家胃口，完全是搞错了形势，还妄谈什么条件，真是做梦。

## 职场措辞有讲究

如果说生于20世纪80年代的年轻人不断冲击C某O职位早已不足为奇的话，那么一个留着寒毛当胡髭、面带职业性微笑的年轻经理人在回答一个尖锐问题时说出“我们对此表示了极大的关注，并在作出积极的回应……”之类的屁话时，多少会激起旁观者的一点好奇：说着这些与他们的年龄和思维方式极不相称的话时，会有多痛苦？

事实上大多数年轻的管理者也许业务能力很强，也很会钻营人际关系，但在措辞上就是不可救药地年轻。比如我遇到的一个24岁的北欧公司驻中国首代，他自豪地说：我手下的员工有比我大十岁的，但有的时候，年龄大小和能力高低并不成正比。这句话无疑会让那位34岁的同事很伤心。

怎么让措辞既能清晰地表达意思，又不会伤及所有人的情感和自尊，甚至即使在批评别人时都能让对方愉悦地接受，是一门高深的学问。不要说80后的人难以掌握，有的人就是到了80岁以后还是不懂。

有个朋友在提到一位商会主席的措辞时称赞不已。那是在一个业内聚会上，出席的人大多是任职管理岗位的成熟精英，在提到一位臭名昭著的同行时，大家纷纷用自己目睹过的事例证明自己的观点——此君乃小人也，正巧当时“小人”刚刚离职，这个事实大概也激发了更多的人表达对他不满的冲动。这时，商会主席意味深长地笑了笑，说了一句：“他已经很努力了。”用我朋友的话说：这句话涵义丰富，韵味深刻，一切褒贬尽在其中。怎么我就想不起来呢？

还好他想不起来。假如这世界上人人都说着这种涵义丰富、韵味深刻的话，那么聚会中的聊天早就成了面目可憎的灾难。能给人带来愉悦的总是那些浑身带着机灵劲儿、幽默风趣，就算贬低了谁也无伤大雅的俏皮话。只可惜这样的话一旦放到重要的职业场合，就容易留下把柄，遭人攻击。于是为了四平八稳、政治正确，含蓄、委婉、回避主要矛盾或者模糊敏感概念的用词充斥在职场上，然而这却成了评价一个管理者职业成熟度的重要标志。

这也是为什么奥斯卡颁奖礼越来越难看的原因之一。为了维护职场人脉，念一长串的感谢名单成了大多数获奖者的必须。尽管偶尔出现的语不惊人死不休的有个性的获奖感言让人印象深刻，比如“我拿这个奖当之无愧”之类的，但能获得别人好感的，一定是那些背得出所有人名的获奖者。尽管言辞可憎，但他们一定能拿到更多的工作机会。

## 最佳经验值

在职场里打拼有时就像打电玩，时间长了，自然就知道怎样的情况下会暗藏玄机，使用怎样的功夫会将一场灾难轻易化解。

一般有两年以上的经验值才被认可。第一年的时间主要是学习，学习整个工作流程，学习淡季旺季的应对策略，学习节假日期间的人事安排，学习融入公司文化。经历了四季的交替，熟悉了产品规律后，慢慢又可以学到一些对突发或紧急事件的应对。这样的经验值，在短短一年甚至半年间是根本学不到的。

记得有一次我的老板面试一个看上去十分优秀的女孩，谈吐、思路、学历都十分出色，但老板若无其事地在五分钟之内把她打发走了后，回头对我们说：“你们没看见她履历上的工作经历吗？做过四五个工作了，没一个超过一年的。”倒不是担心她对公司不忠诚，而是觉得她的工作经验值太低，最多相当于电玩中的初学者，刚玩了两分钟就被人杀死了的那种。做过四五个工作，也不过是相当于玩过四五个不同的游戏，每个游戏都玩不长。

但是在同一个工作上待得久了，也会被经验值所害，很容易照规矩办事，以“不会错”为最高原则，丧失了原有的锐气。

为了抵抗这种规律，一个朋友坚持两年换一个工作，他认为这样既得到了充分的经验值，又不至于过分依赖经验而变得懈怠。不过他最近遇到了一些困难，使得两年换一个工作的决心开始动摇。因为他现在的公司给了他一个不错的职位和薪水，当然他也有其他的工作机会，不过各方面的待遇都没有现在的优厚。在挣扎了三个月之后，他最终还是决定留下。看来与优厚的薪水和职位相比，什么锐气啊激情啊，通通都是扯淡。

同样是高薪高职位，另一个年轻的总经理就很想得开。这个在咨询公司干了两年的小伙子带着一身无知者无畏的勇气，居然说动了一个香港老板，从而坐上了总经理的职位。然而毕竟经验值为零，年轻的总经理每天工作到夜里两点，向朋友打听如何做财务预算，如何做年度计划……鸡飞狗跳度过了三个月试用期。尽管他对自己的公司并没有十足的信心，但用他的话说：“我懂得看部门的报表了，我和别的总经理谈过几次判了，我会给部门经理施加压力了，就算这公司今天就倒闭，我的经验值至少不是零了。”

**打工就是用别人的钱来修炼自己的经验值，**这句话本身就是职场中最可贵的经验。

## “丑陋”的人最可爱

戏剧界有句俗语叫：“千生易找，一丑难求。”意思是英俊的小生多的是，好的丑角却很稀罕。放眼职场错综复杂的人际关系，可以得出相似的结论：希望展示自己高尚智慧、聪明可爱的人多，甘愿自曝“我自私、我小气、我虚荣”的人少。而在眼下的社交圈里，后者更受欢迎。

有这样的感慨是因为最近遇到一位热衷于公益事业的人。他辞掉自己在投资银行界的工作，成立了一个基金会，为中国内地农村的残疾孤儿找家。为了让更多的人知道这个基金会，从而筹集更多的善款，他把他的商业天才用在慈善事业上，聘请了公关公司为他包装形象，请来一众媒体为他作采访。当然，按照中国传媒行业的惯例，为了促进媒体对这件事的报道热情，公关公司照例为媒体准备了“车马费”。在和这位慈善家聊天的过程中，有人质疑他的行为动机：也许你不是为了追逐金钱，那么你是不是为了追逐影响力呢?

不是。他矢口否认。他坚持他行为的全部目的只是为了救助那些孤儿。这种打死也不招的固执最终激怒了围绕着他的几位报社记者。也许聘请公关公司、贿赂记者这种充满铜臭味的行为玷污了他的最初动机，这几位报社记者的共识是：你可以为了影响力、成为名人或者满足虚荣心甚至为了追求个人的幸福感而做这些事，这些看上去不那么高尚的动机并不妨碍你依然是一个善良而高尚的人，但你不可以把这一点点卑微的私心都“忽视”掉，搞得像高高在上的圣人一样，让人不悦。这种不悦的感觉，甚至盖过了对他的善行的欣赏，而综合成两个字的评价：虚伪。

以这位大善人的悲惨境遇为例，不难理解为什么金庸笔下韦小宝式的人物更受欢迎。他自私、会坑蒙拐骗，甚至会害人，但至少他不愿掩饰自己的种种私心。有位国有企业的中层精英熟谙人的这种心理，在和更高一层的领导们喝酒的过程中，领导们笑问这位备受瞩目的“接班人”：“有什么不良嗜好？”他嘿嘿一笑说：“女人。”领导们拍拍他的肩取笑他：“当心身体啊！”然后开怀大笑。事后他跟我讲：其实我还真的没什么不良嗜好，但如果什么都不说，反而不好。

看上去似乎是这世道黑白颠倒了，但如果从此之后救助孤儿的善人一蹶不振，转而埋怨社会不公，人心不古，他就真的成了沽名钓誉的伪君子。而如果他真的只想救助孤儿的话，外界的评论又算得了什么呢？选择做一个美丽的可爱的人，本来就比丑陋的可爱的人难得多。

## 我要，我还要

美国的一个老政客说，**想结交一个朋友，就请他帮你一个忙。**

因为人们总是更容易记得帮别人做过什么，而把别人帮自己的事情忘掉。他还发现，几乎所有的人都愿意对自己帮助过的人示好。到底算有过交情，跟陌生人怎么都不一样。

其实职场的规律大致相同。不管是政界、商界、学界还是艺术界。

想要同事帮忙就讲，想让老板提升就说。也许你总是羞于开口，但开口要了之后就会发现，不仅欲望被满足了，连别人对你的印象分也有所提高。得了便宜还卖乖。

有两个同学毕业时进了同一家公司做事。五年过后，他们一个已经升了市场部主管，另一个却还在调研部做基层研究员。并不是因为能力千差万别，而是一个会要，一个不会要并且不愿要。

市场部主管的第一次发迹是在进公司一年后。他走进老板的办公室，直截了当地说："我觉得我可以试试那个新项目。"两个月后，他被提升为项目经理。他第二次赤裸裸地表达欲望是在原市场部的主管跳槽后。大把人坐等着被任命，资历最浅、希望最小的他再次对老板出动闪电战："让我试试这个职位吧。"老板欣然应允，先是让他以副总监的头衔代管，不久就扶了正。

用我老板的逻辑解释，如果候选人的综合能力相差不大，当然是选最积极的那个，至少他有激情，做事主动，还有，就是便于压价。既然那么渴望来做主管，钱少点估计也就不会那么在乎了吧。

话虽是这么说，但最多也就在开始的时候吃点亏。翅膀长硬了，公司为了留住人才，自然会主动把钱送过来。

基层研究员始终还没明白过来。他至今仍抱有"是金子，就总会发光"的幻想，默默等待着伯乐来发掘他这匹千里马。偶有抱怨时，就用“君子无欲则刚”之类的话自勉。

再过几年，也许他的“欲”真的被磨灭光了，只是不知道还能不能“刚”起来。

## 职场独门秘籍

凡在职场上混成了个角儿的，总有个一招半式的绝招，就像武侠小说中有名有姓的江湖人物。哪怕是出场没多久就成了大侠的刀下鬼的，也不能小觑。

以前的经理，一个新加坡中年男人，可以连续保持端正坐姿达八小时之久，而且竟然可以不去洗手间。那是公司最忙乱的一天，先是大客户来开项目会议，接着是大老板来视察，害得新加坡人竟没时间离开办公室。不过自那天起，我发现他如厕的频率的确低于常人，并且在那间玻璃屋里，可以端正地坐很久。直到外面年轻的秘书小姐都恨不得趴在桌子上时，他依然活蹦乱跳。虽然他在位时并没做出什么政绩，但公司上下没一个人怀疑过他的能力。能够坐得如此挺拔而且持久，也是本事吧。

朋友的朋友，一个混混，被众多股民奉为股评大家。他是怎样从众多的股评家当中独树一帜的呢？一个重要法宝是每每被他挂在嘴边的“中美大势指标”，这是个在证券辞典的附录里才查得到的技术指标，很少有人研究过，但听上去高深莫测，神圣而不容怀疑。后来朋友问他，这到底是个什么东西？他含糊地说："其实我也不是很清楚，但我想所有的指标应该都是差不多的吧。"听上去像江湖郎中给病人开维生素片，总有点用吧。

若是混在奢侈品行业，会穿衣服就成了一手绝活。两位职业经理人同时应聘一家意大利游轮公司，两人资历相当，经验相当，甚至长相的等级也相当。结果意大利老板却对其中一人情有独钟，原因是他给西装配的口袋巾很有品位。想不到吧，会配口袋巾也可以成为职场必杀技。

而每天所需的睡眠时间少，则是很多职场强人共有的秘籍。他们通常在打完越洋电话后的夜里两三点睡下，黎明前还能起来跑个步，然后在上午九点前第一个抵达办公室。我遇到的好多职场精英都声称自己每天只需睡三五个小时，让包括我在内的每天需要八小时睡眠的人十分羞愧。

所以，不要老是担心自己学历不够高，考的证不够多。练好一门秘籍，比再高的学历和再多的证都有用得多。

## 矜持·坚持

我常想，如果在那次会议上，稍微再坚持一下，这个让我垂涎已久的项目就不会飞走。可当时的场景是：老板虽然欣赏我的创意，但在一些细则上有相反的提议；技术部门认为实现它不难，但必须改变一些结构；销售部门觉得这个项目打乱了他们半年内的销售计划，而且客户端也有待反馈；市场部是一副无可无不可的态度，仿佛这个项目如同脚底下的一元硬币，多一个不多，少一个不少。

就在那个会上，我发现实现这个项目需要克服太多的困难，包括没完没了的美国总统竞选一样的演讲、无休止的游说和每天都无法填满的时间黑洞。这些想法在脑海里快速放映后，我的发言稍微矜持了一点，就是那么一点点。结果是，这个创意还是被接受了，不过是交给一个同事执行的。

同事的做法是，对老板小心奉承，提出自己的想法，但以老板的意见为准；对销售部门温柔地坚持想法，实在不行就妥协；对技术部施压，逼他们最大限度地实现。至于演讲、游说、时间黑洞这些我认为的难题，同事都在很努力地做着，并取得了成效。于是现在的场景是，同事在兢兢业业地忙碌着，公司上下都信心十足地认为这是个摇钱树，我的那个创意虽然被一改再改但还是在前进着。我呢，正在苦苦思索下一个创意。

他和她分手了。没什么太大的原因，她不喜欢他与那帮酒肉朋友一起泡吧、找小姐，不喜欢他的势利，不喜欢他的晚归，不喜欢他把房间搞得乱七八糟的……但想到要他克服这么多的“不喜欢”，不知需要发多少次火、吵多少次架。于是她虽然坚持对他说出了诸多“不喜欢”，但当对方没有反应后，她矜持了一下，就放弃了。

事情是两个事情。其实都是一回事。

## Business is business

据说这是一个人缘很好的销售经理（女）的口头禅。

她脾气暴躁，一语不合就会扯起嗓门大喊大叫，吓哭过不少初来乍到的小女孩。她们哪里见到过这样的悍妇？

不过，乌云即散，覆水易收。就在发火的一分钟后，她又会笑容可掬地拉你去吃中饭，把刚才的事抹得一干二净。你若问她为何？她就会告诉你：Business is business。言下之意，工作上的事，与生活无关。

爽朗得让人嫉妒。

一次饭局，照常规先饮食后男女，大家纷纷自曝情史。我发现那天的人可分为两种：一种与恋人分手后仍是朋友，有事情叫一声，还是很得力的；另一种则不能，恨不得对方离开自己再也没好日子过。

按Business is business的道理，爱情也是可以Love is love，Friendship is friendship的吧。但这种逻辑让我一个朋友嗤之以鼻，他最恨这种收放自如的人。在他看来，要么爱，要么恨，再没中间路线可走。为了不让失恋损失自己的Business，他决定不找圈内人，免得爱人做不成，生意也没得做。

有个朋友最近很苦恼。他探听到一个竞争对手的商业机密，若报告给上司知道，及时应对，可置对手于死地。但是对方此项目的负责人恰恰是自己当年同寝室哥们儿，而且这个消息也是他不经意透露出的。消息一旦泄露，这哥们儿的饭碗就保不住了。

说，还是不说呢？按道理，这应该是个很简单的事。Business is business嘛。

大概他思量再三，还是说了。

因为，已经有流言传出，说他是个蛇蝎小人，如此这般，如此这般。

## 你想要就说嘛

换工作总是有理由的。虽然明知道得到的答案大多是“这个工作不太适合我！”或者“出于个人兴趣”等托辞，但老板们依旧会锲而不舍地追问一下，希望多少能弥补一下自尊，即使也许他自己也方才跳进来没多久。

薪金太少、昏君当道、同性同事比例过高、平均主义大行其道、和同事闹绯闻或者喜欢新工作的挑战……太多的理由让你可以理直气壮地对现有的工作说拜拜，只要新生活在向你招手。

对于回答老板的“为什么走”，轻描淡写的应对为上。其实老板都不笨，让你回答只不过是想再一次证实一下明摆着的你走的理由。“太累了，想回家睡睡觉” 应该是个挺好的回答，如果有经济支撑的话。

最尴尬的一次辞职是面对着老板一双诚挚的大眼睛：“你想要

什么你就说嘛！我们能给你的一定会给的嘛。总不能不明不白地就离开呀。”一时间让我怀疑他很熟悉《大话西游》的台词，差点脱口而出：“我不说你确实没法知道。”最后只好说：“我只是想换个环境，真的没什么其他原因。”

如果我要的你能给，我还会走吗？等到请辞时再问人想要什么，就像问一个业已饿死的人想吃什么一样，晚了。

但究竟为什么辞？即使说了也没用，你自己一定要清楚。

一个朋友出于对新领域的好奇，跳到一个薪水打了对折的地方工作，三个月不到就又开始蠢蠢欲动，一边绝望地看着过于频繁的跳槽记录持续增长，一边乐此不疲、跳无止境。只要有人肯用，未必不是幸福。至少实现了“尝”新的心愿。

曾经有个同事对我们的洗手间表示出无与伦比的憎恶。她辞职时说：“我的新办公室有个十分可爱的洗手间。”让老板目瞪口呆，一时语塞。

# 第三回合：服从老板 VS 驾驭老板

有时向老板示弱，

有时跟老板吵架

老板和员工之间的戏码是需要创新的。他们之间不单单是你说，我做，你命令，我遵守的关系。想和老板建立更深一层的信任关系，合适的时机，也许需要乾坤大逆转。

## 给老板订规矩

养不教，父之过；教不严，师之惰；老板不教，下属之过。

**很多老板的坏脾气是被员工惯出来的。**

遇到一个酒店的公关经理，她最近的气色很差，即使涂上腮红也只不过像是在发烧。原来这些日子展览、会议不断，许多大人物纷纷入住总统套房。她工作日忙到夜里十二点，周末还要一大早跑过来，捧着鲜花、穿着高跟鞋站在门口当迎宾小姐。可同样的事情发生在另一家酒店的公关经理身上，却得到了完全不同的对待。当她得知某国总理周六入住酒店后，安排了一个手下过来迎接，自己气定神闲休息去了。“若有贵宾入住，工作日时公关部三位同事可以一起迎接，若遇到周末，值班的那个迎接即可。这是我给老板做的规矩。”

规矩是人订的。在死板的规章制度之外，订与不订，如何订，都有很大的弹性范围。

某公司总部老板要来视察中国分部。E-mail里传达的日程是周六上午抵达上海。中国区老板立即吩咐全公司周末加班，严阵以待。顿时人怨沸腾。这时，他的不听话的秘书机灵地提示：要不要回封信问问他周六来上海是否有私人目的？需不需要我们帮他找个地陪呢？一句话提醒了中国CEO。不久收到总部回复：周六、周日要处理其他项目，周一早晨来公司开会。

一封E-mail，挽救了近百人的双休日。

很多事情就是这样蹊跷。有时你无意识做的一件事，搞不好就成了加在你头顶上的规矩。一次会议上，市场部职员小李出于好心给大家一人端了一杯水。谁知从此以后，老板就习惯性地对小李说："麻烦你给大家端杯水好吗？"一步错，步步错。

有位秘书就很会处理这样的琐事。她从来不给她的老板倒咖啡，不知怎么回事，有次老板竟把她叫到会议室，众目睽睽之下让她倒一杯咖啡进来。她考虑了一下，端进来一杯咖啡，迅速地昂首挺胸走出去。只见这位老板啜饮了一小口，马上一脸苦相。原来这是一杯四倍浓度的清咖，比中药还要苦。事后秘书一脸无辜地对老板说："我真的不会煮咖啡，我又不是你的生活秘书。"从此把这个差事推得一干二净。

可是天底下的人千差万别，事情也是千差万别。也有这样的秘书，不要说平时倒咖啡，就连老板的小孩她都要负责接送，身兼秘书、保姆、老板家的装修工人等多种职务。这样的规矩，也难为她竟创造得出来。得了这样一个好秘书，她的老板大概睡梦中都会笑出声来。

## 和老板吵架

一个曾在亚欧美数十个国家工作过的前辈告诫过我："在老板面前，你不仅是一个员工，同样也是一个战斗者。'她曾经为各种各样的事与大大小小的头头脑脑吵过架：当她的创意与老板的不合拍时，当预算卡得太紧时，当办公室装修成她讨厌的颜色时，甚至当同事发生婚姻危机时，因为她永远劝分不劝合，而老板却恰恰相反。

她的名言是"I fight because I'm right"，听上去有"为真理而战"的架势。

谁对谁错姑且交给财务报表去评判，吵架在工作中的必要性却是显而易见的。**火花要冲撞才能产生，工作的进展同样需要不断的争吵来推进，**正如恋人间打是亲，骂是爱。前提是一切为了公司的长远利益。

吵归吵，方式是很讲究的。吵架重在解决问题而不是拼个鱼死网破，因此技术型选手往往更容易取胜。

那位前辈的绝招是讲起话来有排山倒海的气势，配合着夸张的表情与手势，以及夹几句对方听不懂的外文，比如：对她的法国老板说几句中国土话，表达一种慌不择言的急切状态："天哪，my god， don't you know that巧妇难为无米之炊呀！"老板虽然听不懂，但根据她的表情和上下文一般也能猜个八九不离十。这时，他多半会做出一个十分恰当的宽容的微笑，表示自己有超越常人的理解能力并且非常大度。这时，前辈的需求往往能被适度满足。

我的老板给我配置电脑时，曾十分慷慨地问过我的需求。当我老实地列出一个理想中的配置单时，他跳了起来："这比我老板的电脑还要贵！"然后把预算挥刀砍去一半。降低标准后，我又找了一台性价比还算满意的电脑，但依然超出两千元。于是开始"战斗"。老板长篇大论："我当然知道价格贵的配置好啦、速度快啦，但公司有自己的预算，一个人超两千，十个人就两万……"

静静地等他说完后，我沉痛地摇摇头说："不行，否则速度实在是太慢了。"

然后，我就得逞了。

## 对老板撒娇

**有人把向老板抱怨戏称为"对老板撒娇"。**

老板啊，为了做这个项目，我连续熬了好几个通宵……老板啊，我们的出租车补贴通常在每个月的第一周就用光了，要拜访的客户实在太多了……老板啊，明天怎么又开会啊，有个客户觉得我们的创意很好，要请我吃个隆重的午宴……

活生生一副小孩子撒娇的场景——对着父母张开双臂说："抱！"或者是拿着张试卷跑回来说："妈妈，我考了100分！"

然后等着被妈妈揽入怀中爱抚一番。

有的人一辈子都不会抱怨，对着父母不会，对着情人不会，对着老板当然就更不会了。这样的人被认为“不解风情”。

抱怨可以被理解为解决矛盾的蜜糖手段，能让人在笑眯眯的状态下妥协并无悔付出。这比板起脸来公事公办更容易达到目的，并且令人愉悦。比如上面对出租车补贴的抱怨，谁不知道是想多要一点补贴呢？这样的方式总比“老板，我的出租车补贴不够，能增加一点吗”更有效吧。

抱怨更重要的作用是增进沟通，加深感情。如果不抱怨，老板又怎么才会知道你“连续熬了好几个通宵”呢？记得在一次会议上，有个很能干的市场总监对我们老板说：“我觉得我们真的需要沟通、沟通、再沟通。”她之所以这样说，是因为我们老板认为她工作不够尽力，而她则列出自己所做的一堆事作为反驳，最后气急败坏说了这么一句话。虽然业务上能干，但是她从来不会向老板撒什么“熬夜”的娇，因为她觉得这是应该的，并且又是私生活的一部分，没什么好说的。

她错了。如果她能及时把自己的辛苦向老板多抱怨抱怨，“工作不尽力”的误解也许根本不会产生。

**抱怨还有个作用就是邀功**。这是个表扬与自我表扬要相结合的时代，就像电视里吹得天花乱坠的产品广告一样。别人都吹，单你不吹，又有谁会明察秋毫偏偏认为你货真价实呢？

经常有人提起自己的同事就咬牙切齿：其实他根本没做什么事，但他整天就知道叫“忙忙忙”，有意思的是，老板竟然也相信全公司他最忙。可是虽然他们明明知道自己也应该加入抱怨大军的行列，却始终不屑于去做。

经济学上有一种“劣币驱逐良币”的定律，听起来和现实生活中经常出现的“奸臣大胜忠臣”差不多。因此有的人会在竞选前玩一把“枪击”一类的游戏，而有的人则不屑为之。结果玩的人赢了，不屑于此道的人只好靠边站。

## 向你的老板示弱

聪明的员工都信奉一句话：永远不要轻视你的老板。**但再聪明的人也会一时糊涂，以为自己至少在某一方面超越了老板——虽然有时候这常常是真的，更要命的是，这种轻微的自大意识很容易在言行之间流露出来，**当然也就很容易被三头六臂的老板感知。或许有些心胸宽大的老板很乐意看到有精兵强将的可喜局面，但也不乏有些老板对此有些许怅然，就像母亲看到成家立业娶了媳妇从此不再需要她嘘寒问暖的儿子一样。

我的好几个朋友因为这种小糊涂吃过大亏。一位是能干的产品部经理，他上任的时候，中国区公司和亚太区产品总监之间意见分歧很大。在经过一段时间的分析研究后，此君向中国区CEO拍着胸脯保证：放心，这件事情由我来搞定。皇天不负有心人，三个月不到，这个分歧居然真的慢慢被他摆平了，再过三个月，经常挑战中国区CEO的亚太区产品总监连吹毛求疵的E-mail也越来越少了。以至于中国区CEO都有些纳闷地问这位老兄：你到底使的是什么招儿啊？按理讲，这该是好事啊，从此大家安安分分各司其职，效率不是更高吗？现实的情况却是，一波已平，一波又起。新矛盾出现在中国区CEO和产品部能人经理之间。在刚加入公司时，中国区CEO还会时常关切产品部经理的工作困难，表示愿意协助他共同处理与亚太区难搞的产品总监之间的冲突。现在好了，能人经理在向CEO请求支援时，CEO的口头禅变成：你那么能干，这点事儿哪难得住你呀？然后对他的困境不闻不问。

这就是员工的困惑：不能干吧，怕被骂；太能干吧，又怕被老板打压。这也是老板的困惑：员工太弱吧，自己太累；员工太强吧，那还用得着自己吗？

因为同样的原因受老板冷落的某市场推广总监在痛定思痛之后，采取了步步汇报的方针策略，每天给他的老板发一条手机短信，汇报他的进展、成果以及遇到的困难。第一天，第二天，第三天，一条条发过去，杳无音信。失宠的市场推广总监决定持之以恒，在坚持了两个星期后，老板的电话来了，希望和他就这个项目细谈一次。用这位市场推广总监的话说，这一次谈话后，一路绿灯。

有位最近成为母亲的女强人对我感慨：你知道为什么你心甘情愿为这个小东西鞍前马后吗？除了血缘关系外，还有他的无助，他那种没有你就活不下去的对你的终极需要，这甚至可以说是他的武器。这种武器，有时对职场中人也很管用。

## 老板和员工的博弈

以前有位老板对我说过一句肺腑之言：你要去适应你的老板，而不能指望你的老板来适应你。之所以称之为“肺腑之言”，是因为他是顺着这一金律坐上老板的职位的，而这句话也是他以前老板的口头禅。

他以前的老板也对他说过这句话。那时他刚进公司不久，对老板的工作方式不满，认为他不够果断，有点拖拉，从而延误了最佳时机。当然，他的老板并没有因为他的不满而发生任何改变。改变的是他自己，现在他也习惯于四平八稳地处理各种事件了。时机？宁可错过一个时机，也不能做错一个决策。

我也一直觉得这句“要适应老板”的话很有道理，直至最近遇到一位酒店业的新贵。他对这句所谓“金律”很不以为然：“我的下属的确在适应我，但我为了适应他们而作出的努力比你想象的要多得多。”

这些努力，主要是为了防止员工跳槽，以及用来研究怎样才能用最少的薪水换来员工最大的工作热情。

酒店业新贵努力的结论是：工资不能给得太高，比市场平均水平略高一点即可。给得太高，会被员工视为弱智，员工虽然短期内很开心，但从长远看则会缺乏对公司盈利的信心；给得太低，更不用说了，员工碰到合适的机会就飞走了。根据不同层次员工的心理需求，他制订出不同的策略，用最大的想象力满足员工们的心理需求。他每月给大堂扫地的阿姨、清扫房间的服务生过集体生日，身为总裁的他亲自为门童点蛋糕上的蜡烛。“当他们不得不加班到深夜才走时，看在我给他们点生日蜡烛的情分上，一般都会放我一马，不再骂我了，更重要的是不再提出加薪或以跳槽相威胁了。”而对中层管理人员，他就高举“尊重他们，再尊重他们”的旗帜。大事小事，他都会找到特定的人商量，让他们提出自己的想法，然后取其精华再糅进自己的意见，交给他们去执行。这个时候他喜欢对这些中层说：“你这个创意很好，继续把它贯彻下去！”让这些人误以为是自己在为自己打工，从而越发卖力。

善于用不花钱的办法适应员工的酒店业新贵的事业正在急速膨胀中，而奉着“要适应老板，不要让老板来适应你”为金律的公司也在稳健发展，不同的是后者只能用高额薪金或公司品牌来吸引员工。当他们的员工在因为“适应老板”而不得不加班的时候，是看在薪水的分上才放了老板一马的。这就是一味地让员工单方面适应老板所产生的代价。

## 最走俏的工作态度

**当你正在忙着一件事，你的老板又走过来吩咐了另外一件事时，你应该怎么表现？一位资深职场人士的形容是，这取决于你在**

对付怎样的老板。

如果你的老板注重理性的效率，那么你最好先判断出事情的轻重缓急，在和老板略微沟通之后，该干吗干吗；如果这个老板更加情绪化，容易激动，并且是个急性子，据说一些台湾公司的老板或者女老板容易有这个毛病，你最好的反应是，立即停止手头的工作，马上开始他新交代的工作，还有，脸上的表情也要显现出你比老板双倍地着急。一言以蔽之，态度最重要。

对老板来说，你是否在急我所急，是否对工作全情投入，从态度上可以看出大概。但这里面的问题是，急老板所急，和急工作所急，着急的对象可能会不一样。因此员工需要这样考虑：一、从纯工作需要考虑，轻重缓急的顺序如何？二、从迎合或安慰老板的情绪考虑，轻重缓急顺序又是如何？最后事情很可能会走向戏剧化，你急急忙忙地跑出去做新交代的事，却发现，或如意料中一般发现，这的确是不适合当下完成的事，但你并不急着回来，因为那会导致你的老板认定你没有尽全力去做这件事，因此你必须好好逛一回街，在街边喝杯咖啡，看看街边的俊男美女后再回来，照样装作很焦急的样子，痛心地跟老板说：去办了，现在不行。

对这样的老油条，有些老板会认为：至少他工作态度很好。当然时间会揭穿一切，光是工作态度好，老是不出活儿，还是照样得哪儿凉快去哪儿。

所以就会有人抱怨，又要出活儿，还得兼职做老板的情绪按摩师。没办法，工作是人做的，是人就有七情六欲，就有人性的弱点。自以为摸透了人情世故的老辣的人，有时会冷眼看着新来的小姑娘小伙子们万丈激情向工作冲去，完全顾及不到老板的心理。用小人之心忖度一下，这些老油条大概隐隐有种看着新人摔跟头的期待。而现实中的情况是，他们有的人的确会摔跟头，也有的人做成了前辈们在深思熟虑后认为做不成的事。这个时候，或许又要轮到自以为人情练达的老人感叹了：经验主义害死人啊。

不管这工作态度是为了安抚老板还是为了工作，对工作这件事来说，最重要的还是要把对工作最有利的事情做掉。尽管不懂得这其中诸多机关，初生牛犊不怕虎的年轻人有时会直奔主题而去，而讲求效率与态度并举并兼顾为人处世的资深人士却偶尔会目的模糊。这大概是机关算尽后的无奈吧。

## 有效抱怨

成都来的朋友说，上海的酒吧里，每个人都在抱怨：钱太少、老板太变态、工作太无趣、爱人太自私、公司人际关系太复杂、社会太肮脏、人生太无聊……

那成都的朋友在酒吧干什么呢？八卦或者讲笑话。揶揄别人、揶揄自己或者互相揶揄。

形式不同，结果都是一样的。无非是排遣一下五脏六腑内的毒气，干干净净回家洗洗睡下，迎接明天又一轮太阳。

在职场里真正混得好的人，是没有时间做这些事的。就算是抱怨，也是目的性极强的抱怨。抱怨什么、向谁抱怨、用什么样的形式抱怨都是很有讲究的。

最能够被人理解的抱怨是钱少或者职位的发展空间小，说白了就是想升职加薪喽。这种抱怨的有效对象是顶头上司和要好或不要好的同事。瞅准老板心情好、对自己的工作及能力另眼相看的瞬间，大大方方吐出怨气：“我很喜欢目前的工作，但薪水实在太一般了。”或者：“其他都还好，就是工作缺乏挑战。”同样的话被同事听到，一般也能殊途同归，最多变形为：“他嫌钱少职位低，大概要跳槽了。”不过这世界上永远是风险与收益同在。抱怨过后，既没有升职也没有加薪，反而一封信请你走人，也不是没有可能的。说不定就收到这样一封信：“很抱歉，没有给您带来满意的收入和职位。您的最后工作日为某月某日。祝您在今后的职业生涯中发展顺利。”不过如果你肯定老板拿同样的钱再也找不到比你更合用的人，这种信是绝对不会出现的。

其实很多人通过这一招加了薪。毕竟，当老板从没有抱怨过你的人工过高时，就可以默认为他躲在自己的办公室里，因为以极便宜的价格雇用了你而偷着乐呢。

**偶尔抱怨一下培训的机会少或者福利不够多也容易引起老板的好感。最低限度，说明你对公司够投入。爱之深，才恨之切嘛；其次，也给了老板一个行使赏赐权利的机会。**明明有这个权利，却无人来乞求，等于守着金屋却没有路人看一眼，也是件令人懊恼的事。有个擅长此道的行政人员经常能得到一些出差机会或出国旅行的机会。有趣的是，比起其他那些从不要求这种福利的人，老板更喜欢的是她。

不过公司能给的也就是这些啦：钱、权力、地位、免费出国的机会、免费培训的机会……除此之外的抱怨，比如人生太无聊之类，还是自己留着去写博客吧。有文采的人，也能够收获不少掌声，兑现公司里报销不了的另一种虚荣。

## 当老板频繁更替

都说铁打的营盘，流水的兵。现在的情况是，有的时候，将帅比小兵小卒流动得更快。

美国一家高科技产品公司的中国华东区销售总监苦笑着说，他来公司两年，顶头上司——中国区销售公司总经理倒是换了三个。一个在北大读过中文的洋人，和善却墨守成规，不懂得适应中国市场，但相处还算愉快，沟通也很顺畅；一个咄咄逼人的香港人，对内地同行业中不够国际化的一面无法抑制地流露出鄙夷的神情，挂在嘴边的口头禅是礼貌却饱含戒备的：“是吗，你们通常都这样做吗？”一句话划清和手下的界限：我来自先进地区，天哪，你们这些落后地区的人怎么可以这样做呢？现在的这个是出国镀过MBA金的生于中国落后省份的人。据销售总监讲，这种穷地方出来的人天生挟有自卑与自负双重人格，自卑的时候，对下属的所有创意和行为表示怀疑；自负的时候，对下属的所有创意和行为表示不屑。

而另一个大型咨询公司里则是副总裁这个职位的人像走马灯一样地换，平均每半年换一个。真是苦了下面的中层经理，直接老板频繁变更，交流起来事倍功半，又不能直接向总裁汇报，有越级的嫌疑，眼看着该批的预算不批，该定的方案不定，也只能在一边干着急。

新老板遇到旧员工，就像初登基的小皇帝召见前朝的辅政大臣。虽然职位上我尊你卑，但天下是你打的，功勋是你建的，历史是属于你的，我除了一个光鲜的头衔以及礼节上必需的尊敬之外，一无所有，心里虚啊。而旧员工遇到新老板，则有点像地位稳固的黑社会老大遇到了警察局的反黑新督察，你若是经验丰富，人情练达，我就乖乖合作；你若是初出茅庐，破绽百出，哼哼，虽然名义上是你领导我，但你最好还是接受我的领导吧。

这种智斗的局面尤其会发生在当新老板的年龄和资历都不比旧员工有优势的时候。有位32岁出任某广告公司总经理的女强人对我说：如果没有亲身经历，你根本不会知道你手下的那些人能有多坏。一个E-mail，一个报告，一个提议，甚至会议上的一句话，说不定都暗藏杀机，要是你不多长个心眼儿，开头的三个月就已经被你的手下降服了。

而站在旧员工立场上的一个销售经理则这样评点刚刚上任的

新老板：此人性格复杂、多疑，全然不像上一个老板那般爽朗、大度。那么简单的一个提议，他居然压了两个星期都没有回复。再看看他的E-mail，全是些不着边际的大道理，政治正确但模棱两可的话，其实等于什么都没说！

一边是走一步、看两步，摸着石头过河小心翼翼的新老板，一边是冷眼旁观，掂量着对方实际斤两的实力派旧属下。整个一出现代职场版的《三岔口》，大家都把神经绷紧，在领导与被领导的格局尚未稳定下来的混乱时刻，为自己找到最有利的地形，开辟最有利的局面。

混战过后，总会形成一个相对稳定清晰的格局。不和谐的因素被清理出局后，一切照常运转，就像什么都没发生过一样。虽然出局的人会伤痕累累，但明天仍将继续，尤其是在当下如火如荼的中国职场。一浪接一浪的就业机会，会让一个又一个出局的人意外地发现，原来出局有时并非坏事，而对于这一回合取胜的一方来说，费尽心力的暂时胜利，只意味着一场漫长战役的中间休息。整理一回心境，明天的斗争又将开始。

在和新老板开了几次会后，认为老板性格复杂、多疑的销售经理开始心猿意马，积极在公司之外寻找新机会。他的理论是：不就是打一份工嘛，犯不着让自己这么累。这里不舒服，就找个舒服的地方待呗。

问题是，就算是找到了新的东家，一段时间后，也会面临同样的问题：老板又换了。难道再次走人？再说了，为什么每次都是你走呢？累不累啊？

其实面对老板更替时的处理方法并不复杂。就算是最不愿意和公司政治沾边的人，也可以不费多少气力就能够让自己处在明哲保身的立场下。原则有三：

**一、对新老板需要额外尊敬**

这是用来应对新上任的老板自信心不足的情况的。再强的老板，面对一个新公司，和一群对公司文化比自己更熟悉的老员工时，都免不了心虚。这个时候，大事小事先问一下新老板的意见，公司内外给足新老板施展权威的机会，可以帮助他更快地找到自信。

**二、过程中需要频繁汇报**

这是用来迅速构筑信任的手段。谁都想和老板达成“你办事，我放心”的默契，但当旧老板离去后，这种信任和默契需要重建。工作过程中的频繁沟通，是新老板和旧员工之间建立信任的最好方式。

**三、工作之外多多沟通**

信任和默契必须建立在了解的基础上，而这种了解不仅包括业务能力上的了解，更重要的是人品和性格上的相互了解。工作之外，创造点闲聊的机会，有时比频繁汇报更能起到事半功倍之效。

当然啦，麻烦是肯定比和旧老板相处麻烦一点。但比起因为老板频繁更迭而被迫跳槽，应该还是这样做更轻松吧。成熟的人应该能够在职场的各种变故中胜出，比如和新老板合作愉快。当然，实在合不来，离开有时也是焉知非福的一个选择。毕竟胜利的道路不止一条。

## 只做第二名

几年前还野心勃勃想向总经理职位冲刺的一位副总经理，在一次聚会中大发感慨：还是副总好啊。

原来他冲刺未遂后，短短三四年间，头顶上的总经理已经换到第三个，现在的这个，刚来公司大半年，就离了婚，因为老婆有了外遇。而据说老婆有外遇，是因为这个总经理出差太多，十个月有八个月不在家。

让这位副总经理得意的不仅仅因为位置坐得稳，还因为他如今把自己的生活调适得很丰富：白天如果不开会，其实我的事并不多，在电脑上和一些网友讨论点艺术品收藏，现在我对瓷器略知一二哦；每周末和高中同学打羽毛球，风雨无阻；晚上可以和我儿子抢着打魔兽世界，我现在的装备比我儿子的还要高级……

尽管他口中的生活听上去的确比常年出差在外结果老婆都跟别人跑了的情形更让人羡慕，但还是容易给人一种吃不到葡萄就说葡萄酸之类的失落感。

有意思的是，他表示自己是真真正正很享受现在的生活。原来历经了三任直接上司的更替后，他突然发现，自己对接替总经理这个职位并没有作好充足准备，没有准备好牺牲那么多私人时间，放弃那么多个人爱好，玩弄那么多心术和权谋……

原先想做总经理，是因为不知道做稳总经理这个职位所需要的付出；在离总经理职位越来越近，对这个职位看得越来越清楚之后，反而不太想做了。

一言以蔽之，他对总经理这个职位的欲望，并不比自由自在生活的欲望多。所以对他来说，第二名比第一名更自在。

但以前我有个老板却只适合做第一名，他是属于那种稍微有点事情没熨平，夜里就睡不好觉的人。当然，在别人都在睡觉，而他在以失眠为代价盘算解决方案之后，第二天这件事情基本上也就被他搞定了。

虽然他也曾对我感慨：其实，还是你这个职位最舒服啊。但我断定，以他的个性，在我这个职位上，要么是他不舒服，要么是他的老板不舒服。

不过我真的很佩服他的能力。在上任一年后，他基本上稳住了局面，甚至也能够挤出时间开发个人生活情趣了。如果换作和儿子打魔兽世界的那位副总，估计在上位不到半年后就得卷铺盖回家了。

有钱买BMW摩托车却忙得一次都没开过的台湾名主持吴宗宪感慨过：当红的时候，享受成功；不红的时候，享受生活。这话套在职场第一名和第二名身上同样有效。只是吴宗宪已经给自己准备好了摩托车，留待他日享受生活之用。不知道现今职场上的第一名们，有没有为“不红”的时候作过准备。

## “资深”啦！

出校门，进公司，在暗无天日的隔板后面灰头土脸营役多年后，终于熬出个“资深”的名头，那感觉真如农奴翻身做地主一样，切齿痛快。

“资深会计”、“资深经理”、“资深编辑”、“资深助理”、“资深司机”……平白多出两个字，总得多做点什么或少做点什么以示区别吧。

鞍前马后的下手活，可以拜拜了吧；贴在座位前面的时间表，可以自转了吧——以前只能围着别人公转；说话的架势，可以摆一摆了吧，总得给人个字字珠玑的感觉吧；自己的形象，也得梳理一下了吧，自己都不把自己当“资深”，还指望别人不成？

从此多了项“无形资产”，印在名片上，比从前只有一个光秃秃的职务好看许多；从此不再是无产阶级，言谈举止矜持一点，行为方式稳重一点，“资深”了嘛，不能再让人看出浅薄无知的痕迹。

遇到个资深记者，带着实习生采访一位老总。“资深”故作玄虚，天南海北扯得老总一团云雾。其实想问的有二：一是他与最近某股票的行情起落是否有瓜葛，二是老总的新任小秘是否真是传言中的某明星。绕来绕去，两个人玩起了“敌我十六字方针”，越走越远。倒是实习生急了，放下笔录，愣头愣脑地插问：“您为什么会喜欢上陈××的？”老总停顿了一下，虽然没有认账，却真的说出了认识的过程。大概算是一次甜蜜的回忆吧。采访顺利结束。

看来比起“资深”，还是无产者赤条条来去无牵挂。莽撞怕什么？无知怕什么？失去的只是“资浅”，得到的乃是整个世界。

有个美容顾问这样诠释“资深”二字：资深，就是入行久、资格老的意思。为此，她坚持把名片上原有的这两个字拿掉。生怕别人误会她的容貌只是保养有方。

# 第三部分
# 职场不惑期

- 懂事 VS 懂人
- “潜规则” VS 没规则
- 办公事 VS 办私事
- 生存 VS 生活
- 办公室八卦 VS 舞台喜剧

# 第一回合：懂事 VS 懂人

太聪明了就是糊涂，
最专业的人最会忽悠

很多老板喜欢挂在嘴边的一句话是“先做人，后做事”。这句简单的话，是需要经过许多事情跌跌撞撞的洗礼后才能真正明白的。

## 小聪明，大糊涂

**常常发生这样的事：一个部门里的两个强将，一个玲珑剔透，一个略显木讷，最后往往是木讷的那个得到提升。**

不是老板看走了眼，而是玲珑的那个小聪明太多，让比他的小聪明还要多的老板感觉很不舒服。

某公司为新产品设计了几个Logo，拿给全体员工看，让大家畅所欲言，发表个人意见。正在你一言、我一语议论纷纷的时候，市场专员凯莉对旁边的同事咬耳朵说："老板不喜欢红色。上次我们搞活动的时候，他就要我们把红缎带改成黄的了。"证据确凿，论证合理，在凯莉的影响下，颇有些人对红色的那个持反对意见。

没想到这件事竟传到了老板的耳朵里。老板不动声色，年底的时候，除了凯莉外，给所有人加了薪。直到凯莉愤而辞职后，老板才在一次偶然的机会漫不经心地说起："当你的员工发表意见的时候，你却不能肯定他是否心口一致，这不是挺可怕的吗？雇这样的员工，给他发工资，还得花心思研究他的心理活动，划不来。"

**对老板来说，所有的下属最好都是水晶心肝玻璃人，所言所思清澈见底。**哪怕对公司的管理满腹牢骚，或者对薪金不满到极点，最好能够让他知道。因为掌握的信息越多，局面就越好控制。像凯莉这种隐瞒自己的真实想法，凭小聪明去猜老板意图的人，正是犯了这个大忌。

我以前的老板在提到一个很能干的销售人员时说：人挺能干，不过心眼太小，也就只能干干销售了。原来这个销售人员喜欢去老板那里反映其他销售人员的不良事迹，而且言谈中含沙射影，牵涉面很广。每次老板总是眯着眼睛，微笑着听他讲述，最后还要鼓励他说：“这样的沟通很好，以后要继续加强。”事实的情况是，善打小报告的人并没有得到赏识，也没有因为兼职公司内部间谍而获得额外的薪水。对老板来说，有人志愿免费提供秘报，是件十分划算的事，但只要其他的员工同样在制造营业额，并且没有违法，他又何必多管闲事呢？毕竟他不能只依赖“小间谍”一个人吧。但这个间谍志愿者得到了什么呢？被老板视为“小心眼儿”、不适合做团队领导外，还被同事怨恨，并且也没有升职加薪。真不知道他到底是聪明还是糊涂。

## 挖墙脚的“潜规则”

任职市场总监的朋友最近新招了一名客户主任，一个比较初级的职位。招聘的途径极其平庸，就是在求职网站上登一个三五百元的广告，然后收到一堆简历，之后就选了这个女孩。此人之所以胜出，是因为她之前曾在朋友的客户公司工作过，对这个行当非常熟悉。属于一上班就能上手的那种人。

谁知当市场总监的顶头上司——公司的总经理知道后，勃然大怒，指着朋友的鼻子大骂：你脑子进水了？满大街找工作的人，为何偏偏从客户的公司挖人？犯得着为这么个人得罪客户吗？

是的，不能从客户的公司挖人，这应该是通行的“潜规则”。客户总监只能怪自己脑子太简单，连这么浅显的道理都没考虑到。

然而不到半年的时间，骂别人“脑子进了水”的总经理，好像自己的脑子也进了水，而且进的水比市场总监的多得多。他竟然从客户的公司挖来一个副总经理，还得意洋洋介绍给公司全体同仁：因为他在本行业经验格外丰富，而且熟知我们公司的业务，相信他的到来……

这次轮到市场总监朋友勃然大怒了：只许州官放火，不许百姓点灯嘛。我只不过招一个客户主任，就被骂成“脑子进水”，他公然挖人家的副总经理，好像还是一件了不起的功绩似的。

等他委婉地跟总经理探讨这个问题时，总经理微笑着说：“客户方面可以解释嘛，不是我要挖的，而是人家硬要过来的。不来我们公司，也会去别人家的公司。再说为了副总经理这个职位，这样做还是值得的。”

原来如此。客户总监只能再一次怪自己的脑子太简单。不能从客户的公司挖人，指的是不能挖一般职位的人。对重要的高级职位，这个规则就显得有点多余。**因为所谓规则，大多是用来限制一般意义上的事情，对于不那么一般的事情，规则就成了一种摆设，**像中国古时祠堂里的牌位，是管理者用来震慑一般民众的工具。

有位生意做得极其精明的商人对规则的理解则更为独到，他从来只分析成本与收入，而不是考虑什么“潜规则”或明规则。他的算盘是，挖这个人带来的利益，与伤害客户的感情带来的损失，哪一个更大？如果前者小于后者，那他当然要做一个“绝不挖客户墙脚”的非常正义的有职业道德的人；若是前者大于后者，嘿嘿，去他的什么规则不规则，道德不道德吧。

## 和聪明有关

一个同事在接受老板面试时斗志昂扬地说：“您一定会发现我很聪明。”我的老板从鼻孔里挤出一声：“哼，聪明有屁用！”同事不失时机地接过话茬：“聪明可以挣钱。”老板当即聘用了他。

有个女性朋友相貌一般，却聪明过人，有着惊人的观察力和过目不忘的本领，像黄药师的老婆。同样是一次面试，老板侧着身子，一边敲着键盘一边心不在焉问她话。她说：“我细心并有很强的观察力。”“有多强？”她微微笑着对他说：“您的上网密码我已经知道了。”老板色变，然后不动声色毙掉了她。

如果你以为聪明是你的附加值，那么你错了；如果你以为聪明没给你附加值，那么你又错了。对企业来说，聪明给你带来几分魅力是你自己的事，企业并不关心；你的聪明能给企业带来利润才是最重要的。这句话或者可以这样表述，你聪明不聪明，企业并不关心，只要你能给企业带来利益就成。

别以为这样的表述真的让聪明次要到不值一提的地步。事实证明，想混口饭吃，没一点小聪明和胡乱耍小聪明一样寸步难行。女朋友把聪明用错了地方，记住了本该忘记的密码，因此失掉了唾手可得的工作。以前有个老同事，领命去一家单位送文件，门卫不让进，他就拿着文件回来了，不久下了岗。领导很不解：他可以打个电话找签收人嘛，也可以拿个电话回来的嘛，一点脑子都没有。

聪明就像练功人丹田里的那股气，没有它，也没有了功夫；用错了地方，走火入魔，一命呜呼。

好友的男友是个投机天才，在价格的落差中游刃有余，如鱼得水。和女友待在一起时却老实得可以，几乎连话都不会说了。女友笑骂：真是个呆子。呆子百思不得其解，分辩道：我其实是很聪明的，让女友笑出泪来。

## 玩笑能开多大

以前的一位女同事得罪了办公室主任，就是因为开玩笑。

她是个古灵精怪的女孩，善讲成人笑话，曾经报考过戏剧学院，没被录取，就把对表演事业的一腔热情投入到段子中，常在上班时间把女同事逗得笑滚成一堆。那时办公室里坐着五女一男，往往是那个男孩羞得抬不起头来，只好正襟危坐试图以好男儿志在天下的气概驱散这股子阴气。无奈两颊的红晕总是泄了天机。

那天办公室主任来串门，见气氛如此活跃，心痒难止，笑问笑从何处来？笑话大王意兴大发，以为主任先生来了雅兴，表演欲愈发不可收拾，趁热打铁，又加演几个上等段子。只见主任先生，这个36岁的未婚男子，脸色开始由白转红，呼吸变得急促，交叉抱在胸前的两只手垂下来支撑在办公桌上，并尽量让自己向桌边靠近。表演者的眼光何其敏锐，立刻捕捉到他的变化。随即一改平时讲笑话时一本正经的常态，捧着肚子放肆地笑起来，指着主任大叫："起反应了呀！哈哈哈。"

我永远忘不了接下来的一幕：这个36岁的白面书生弯着腰几乎是跑出我们办公室的，脸上仓皇的表情宛如人人喊打的耗子。

此后，他再也没来过我们办公室，再也没和这位女同事讲过话。

说实在的，我至今也没觉得女同事有什么过分，她更是万分不解，天底下竟然还有这样的男人？

如今我已离开了那个永远有笑话听的办公室，虽然不时接到老同事发过来的手机短信，但是没机会欣赏现场表演，一直引为憾事。

新同事中再也没有那样可爱的段子大王了，偶尔引发的笑，只能权作活动面部肌肉，并不好笑。

好在那个办公室主任并没有公报私仇，也并没有和段子女孩过不去。我甚至有点感激他对我的记忆作出的贡献。因为那天讲的段子我已记不起来了，他弯腰鼠窜的一幕却清晰如昨。

## 专业人士的另一面

碰到一个专业电视编剧，在跟他八卦了两个小时后，他难以抑制自己的喜悦，说："这些材料，够我写三四集的，省着点用，五六集都行。"

怪不得电视剧里一段婚外恋都要撑足十几集，妻子发现蛛丝马迹就要两三集，妻子与丈夫捉迷藏再来个几集，想看到捉奸在床的情景，又要等三四集，再闹个离婚，搞个二三十集一点问题都没有。原来都是专业的编剧们油里掺水的结果。当然，导演、制片也责无旁贷。和一个电视圈里的朋友聊天才知道，国产的电视剧和HBO的剧集没法比，并不仅仅是电视人的素质的问题，投资少、发行渠道复杂、难以挤进大的频道……反正全是问题，专业人士们一点责任也没有。

不知道从什么时候开始，网站上注册表格的职业那栏里，多出了"专业人士"这一选项，既不属于金融业、制造业、教育业、传媒业、咨询业等具体行业，也不算是平淡无奇的"公司职员"，而是成为一个阶层，就像"知识分子"一样，或者是一种荣誉——毕竟，"专业人士"听起来很容易让人误会为"高级公司职员"。

在这个凡事讲究"专业精神"的时代，专业人士的数量也陡然增多。反正不需要参评教授资格或者什么职称，因此学过一点法律的可以称为"法律界专业人士"，参演过路人甲、路人乙的就是"影视界专业人士"，吃过几顿西餐的则可以称自己为"西餐礼仪专业人士”。

和专业电视编剧一样，这位西餐礼仪专业人士也十分会“省着用”自己的知识。她教授西餐礼仪时，刀叉的摆放需一堂课，吃蔬菜需一堂课，吃鱼一堂课，吃虾一堂课，以她的收费标准，光是学吃西餐就要一千元左右。至于会议礼仪、应聘礼仪、社交礼仪什么的，那就是另外的千元教程了。

有个很喜欢阅读征婚启事的朋友最喜欢从个人履历中读出被隐藏的真实面目。比如“本人25岁，1.8米，体健貌端，热爱文学、音乐”，到了他嘴里就变成“傻大个，没文化，大概读过言情小说，并且爱唱卡拉OK”。

这位礼仪专业人士的光辉履历到了他嘴里就变成：“不成功的打工者，出来混的，可能曾经吃过西餐，碰见过商业应酬的场景。”

即使这样，听课的人依然不少。可见“专业人士”头衔的号召力了。

## 敬业精神

时尚杂志里的菜肴香艳油亮、鲜嫩欲滴，厨师说，这道菜其实只有五分熟，而且，上面涂的油是工业用油，因此比较亮泽。

一个能把美女拍得从画面中跳出来的摄影师说，他一见到美女就想吐。拍摄过程中，为了让眼前的尤物更诱人，他常常不惜使用一切手段来包装她，包括使用啤酒泡沫烘托她的性感，用胶垫夸张她的臀围。

一个专事证券投资的行家逢人便讲：风险实在太大，还是不要做吧。他太清楚里面五花八门的鬼门道，坚持认为股市其实是庄家的天堂、散户的火坑。

他们都是专业领域中十分优秀的人，都以敬业而著称。

也许他们初涉专业是出于兴趣，出于对兴趣所指引方向的美好追求。介入越深，越觉得起初那种美好的感觉实在过于虚幻，兴奋点随即转向对技术的神经质般的追求，就像为了能打出1/40节拍而最终疯狂的鼓手。

一个朋友在美国一本家居杂志做编辑，他拍出来的家居照片有个特点，就是一般都看不出和这个家原来的样子有什么联系。拍摄当天，他会指挥一辆小面包车到现场，里面桌椅板凳、窗帘灯具一应俱全。看见主人家有什么不顺眼的地方，二话不说，换！他做出来的家居照片，的确十分完美，虽然和主人家原来的风貌相去甚远。

**美好的事物大多都是这样产生的。我们看到的样子和它的生产过程往往是两码事。**

其实，这篇稿子，我本来想这样开头的：

《花样年华》里张曼玉裹在旗袍里的身体婀娜妙曼、凹凸有致，据可靠消息，她的胸部是垫出来的。

又一想，这么唯美的一部电影，这么可爱的一位演员，还是不要破坏她们在观众心中的形象吧。

## 国际制造

最近听到频率最高的词当数“国际化”与“Local”。之所以用“Local”而不用“本地化”，大概是因为“本地”二字并不准确。打个比方吧，纯种美国制造虽是本地化的东西，但并不一定被归为Local一类。因此，Local还夹带着字面之外的一些含义：眼光不够开阔、水平不够高等等。

一旦被定性为Local，就意味着老土、视角狭隘、见识不够广博。就算是取得了再高的成就，也难以洗刷“Local制造”的印记。据说张艺谋的电影就很Local，而李安、陈凯歌就够国际化。

所有的公司都愿意标榜为国际化公司，并希望员工具有国际化素质。就连中国的Local证券网站也会宣称自己已通过ISO9002认证等等，想和国际化沾点亲带点故。

国际化操作的公司和国际化人才的确很棒。因为他们可以站在全球的制高点考虑问题，可以拥有最先进的经验和体制，自然也就有最高的效率和最好的产品。但如果以为国际化可以取代Local，就又陷入了另一个窠臼。

敝公司一位被公认为很国际化的华裔女士，已经国际到连面孔都看不出中国人的痕迹了（估计是托了化妆的福）。有一次在提到国际影星时，她惊问："什么？苏菲·玛索？我非常喜欢她。怎么，中国人也知道她吗？"

我以前的老板是湖南人，先是去了英国读书，然后新加坡、美国、法国走了一圈，回国后，以外籍员工的身份被高薪聘用，并认为很国际化。他有一个十分国际化的Team，包括一位泰国籍的秘书和一位西班牙籍的市场推广经理。这个西班牙小伙中文蹩脚得很，英文有浓重的口音，推广业务的难度可想而知。

老板对此的解释是：总得有几个外国人吧，我们是个国际化的公司嘛。

## 能人365种

在一个饭局上，见到两个境遇迥异的人：一个名牌大学硕士毕业，当年是校园里数一数二的才子，在报社杂志社混得不如意后，决定投笔从商，现在一家上市公司做事；一个连大学校门也没进过的人，拿的是中专文凭，给老板开过几年车，十分受宠，现被老板指派在公司做事，职位是硕士生才子所在部门的经理。

聊了一会儿就发现，上市公司的老板一点也不傻，两个人比起来，绝对是中专生经理更让人开心。他喜欢开自己的玩笑，以抖搂一点无伤大雅的丑事来博得众人的捧腹大笑：比如小时候在农田里偷人家的玉米、开车违章被警察抓到后悄悄溜走，因为那个年轻的警察竟然没有在第一时间拿走他的驾驶证……他也喜欢开别人的玩笑，不过都是善意的，有时他的玩笑还会让玩笑的主角十分得意。他提起他的老板装修客厅时用的两根柱子，每根二十万元，“又占地方又贵，又起不了支撑的作用，是他平生所见最没价值的投资。”他老板不怒反喜，笑骂他：“你哪里看得懂？那是因为……”

话多，但讨人喜欢；机灵，但充满善意。有一段时间他帮着老板管钱，老板问他要钱去豪赌的时候，他竟然婉言拒绝。老板从此对他又多了一分敬意。

最近这位中专生经理在公司的资助下去读了某商学院的MBA，从此麻雀变凤凰，可以把过去不太体面的教育背景一笔勾销了。

与他相比，硕士生显得沉默寡言。就算不多的几句话里，也充斥着生疏与敬畏。反正只要他一开口，火热的氛围便顿时降温。读了那么多年书，却始终找不到让别人开心的讲话语气和方式，难怪他混得不如意。不过他有自己排解的方式。他有一个博客日记，在小圈子里比较出名，引来不少热爱文字的男男女女的喜爱。就算他的文字这辈子也找不到出版商来出版，也不用惋惜，因为他在写的时候已经很开心了，更何况还有一些人捧场？

相传给慈禧梳头起家的李莲英其实也不是那么会梳头，但他会隐藏落发。慈禧在梳头后，总能看到一些落发，为自己的青春渐逝凄凄惨惨戚戚过后，就会迁怒于梳头的太监。李莲英没办法阻止落发，却有办法用极快的手法把落发藏入手心、袖筒中，让她老人家眼不见为净，从而因解决了落发问题而大受慈禧赏识。

就是这样的一方世界：每个人都有可能因为自己独特的技艺而被一部分人赏识，不管这个技艺是写诗、插科打诨还是善于玩隐藏落发的魔术。

## 当大人物碰上冷钉子

复旦大学名震遐迩的外文系博导、《英汉大词典》的主编陆谷孙先生，应邀为史蒂芬·金的恐怖小说写了一篇序言。这本是一件双赢的好事，学术泰斗向通俗小说示好，流行之王向学术圣殿挥手。没想到，陆教授的序言竟然不符合出版公司的“规范”，被无情退稿了。退稿之际，还好心教育了博导一通，教他如何作序。

难以想象，到了陆老这个级别，还会有这样的冷遇。

有家广告公司的老总最近也出了件糗事。他们的总部在瑞士召开年会，据说各国的老总都赶着飞过去。中国区的老总虽然没接到E-mail，但从马来西亚的老总那里得知这件事后，误以为自己没收到邮件或者邮件被自己误删了，于是如期抵达瑞士。结果是，这位老总被挡在会议室门外，原因是“不在与会名单上”。丢脸啊！于是他捂着脸直接赶到机场，改签了机票又飞了回来。据传他不久将被解聘，所以才会出现“没收到邮件”这样的事。这位老总回来之后越想越气，越想越没脸见人，于是在家里倒了一个星期的时差。在他倒时差的漫长一周里，这件糗事传遍了整个公司。

如今每个人都在拼命往上爬，除了摘得那个不菲的薪水袋之外，就是想占据个体面的地位，收获一些尊敬和礼遇。可实际的情况是，不管到了哪一个级别，都可能有这样那样的冷遇。不同的是，段数高的人，能够将这种尴尬轻轻拂去，甚至把它演化成一段传奇当胸花戴着；段数低的人，则好像一脚踩到牛粪上一样，即使被时间洗去痕迹，依然能闻到那股让人嫌恶的气息。

被挡在会议室门外的老总估计这辈子都抹不去这件糗事的异味了。但陆谷孙先生却把那篇退稿投给了《万象》——《美国也有位“金大侠”——一篇不合“规范”的序言》。这是一篇从金庸说到史蒂芬·金，从流行小说的江湖说到严肃文学的庙堂的佳作，文字风趣通俗。一位名重殿堂的大师居然对流行作品了如指掌，毫无偏见，并且有独到的观点，心胸之宽广，眼界之开阔，让人敬佩。

所以说，冷钉子无关紧要，而碰冷钉子时的态度就有关紧要了，而且是唯一紧要的东西。

# 第二回合：“潜规则”VS没规则

限制一般人的规则，
就是用来被打破的

不要动不动就拿“潜规则”来说事，那只是职场中的少数派报告。就算不幸遇到“潜规则”，你也完全可以避开，总有另一种选择摆在你面前。

## 职员战发票，老板斗回扣

曾经有个公司开过高薪给我，但需要我每个月提供至少一万元的消费发票。在高薪的引诱下，我洋溢着激情运营了一下我的创造力，想出以下搜集发票的手段：一、每月购买一件名牌衣服或把逛街频率提高十倍，并且只逛有发票的店铺，这是最笨的方法，并且有拆东墙补西墙之嫌，最终结果肯定是赚来的工钱都变成了衣橱里不见天日的垃圾；二、发动群众，借发票，这个方案的后果不仅是欠下一堆人情，还很可能声誉扫地；三、要不，试试火车站卖发票的？或者，向手机垃圾短信广告里帮助复仇、追款并出售蒙汗药、窃听器、发票的人求助？最终结果是，我放弃了这份唾手可得的高薪工作机会，对搞发票的恐惧终于战胜了对高薪的垂涎。

中国职场里类似的不足为外人道的事，还有不少。在一些涉世未深的年轻人嘴里，这就是无奈的黑暗现实，于是他们中有些人大学毕业后堂而皇之赖在家里打游戏，靠父母养活，还把自己的这种行为美其名曰“不与黑暗现实同流合污”，好像在家里吃白食就高尚了似的。

更多的**职场中人在与各种各样的“潜规则”玩游戏。有的玩“捉迷藏”，身段或柔软或笨拙地与规则闪躲；有的玩“杀人游**

**戏”，一脸正气、满嘴谎言地装傻；还有的玩猜大小，只要有利可图，被“潜规则”了又怎样呢？**

既要混迹于职场，又没学会玩游戏的就很痛苦。有位刚从香港来中国的记者初次拿到两百元“车马费”时，悄悄问他的好友，这算不算“有偿新闻”？而刚来中国区任高管的某位外籍人士则气愤而无奈地对我抱怨：你知道吗？在这里，就连采购一支铅笔都可能是有回扣的。显然他遇到了棘手的管理难题，而这恰恰是他在海外的工作经验和MBA课堂里学来的理论无力对付的。

道高一尺，魔高一丈，对道魔两边都烂熟于胸的则高十丈。同样是面临回扣问题，有位熟谙“潜规则”的民营企业家则取了香港公务员高薪养廉的经，五十万年薪聘采购经理。在年采购额上亿的情况下，有没有回扣虽然没有证据证明，但他们的采购价基本是市场最低的，却是行业内的共识。

在“潜规则”里浸淫久了，有时会出现很滑稽的局面，当年热衷于配合“潜规则”的人有时会将“潜规则”无情地制伏，比如那位民营企业家，而曾经凛然正气的外籍高管很可能死在回扣的糖衣炮弹下。曾经遇到一位不太熟的德国留学生，竟问我借发票，原来他也找了个需要交发票发工资的工作。这个曾经行事一丝不苟、眼神干净清澈的德国年轻人，在中国职场中就这样被“潜规则”了。

## 长得好看有多重要依旧只是附加值

在一个真人秀电视节目中，我看过一个因长相丑陋而想在毕业前去整容的大学生面对镜头坦然陈述自己决心的片段。虽然我的朋友们和我对于整容一事十分不以为然，对于为了找工作而整容更加不以为然，但看到这个片段后，我们一致认为，如果整容的花费对她不是一个沉重负担的话，整一整也许会有好处。我至今记得她的长相：倒垂的眉毛，扁平的脸，平静的时候，嘴角像是别人生气时的样子，眼睛细成一条线，不笑的时候像是哭丧着脸，一笑起来则让人顿生哀悯之心，但搞不懂是她笑起来的表情让人觉得哀悯，还是哀悯怎么会有人笑成这样？

长相的重要性在几个身居要职的朋友间的谈话中再次被证明。他们在谈招人的事，一个私人公司的男老板不仅希望直接给自己汇报的女下属最好长得好看一点，还表示可以给长得好看的前台多一点点钱。一家跨国公司中国部的女高管则认为，好看的员工有助于营造愉悦的工作氛围。但他们都不傻，绝不会要长得好看的白痴。所以，他们在长得好看与工作能力的关系之间达成了以下几点共识：首选长得好看又非常能干的员工，次选长得不好看但异常能干的员工，既不好看能力又不出众的人则必须人缘好并且擅拍马屁。有一点值得提出的是，有实例表明，男上司对长相出众的男下属可能会十分挑剔。但在我的个人经验中，却没发现女上司挑剔好看女下属的个案；相反，女上司通常喜欢长得好看又能干的女下属，尤其是当两者年龄差距较大的时候。

对长相平平的人来说，值得欣慰的是，工作能力始终还是被放在第一位，长得好看最多是个附加值，在能力相同的时候，才有机会发挥作用。但你不得不承认，人生来就是不平等的，无论是外形、家庭环境、智商、心理素质、社交能力、表达能力、记忆能力上都是不平等的。在不平等的基础上，扬长避短，找到自己的优势，才是聪明人的做法。这也许就是为什么帅哥总是被长相平平的女子搞定的最终原因。她虽然不美，但她因为知道了自己不美，所以更有耐心，更体贴，投入得更多，并且更愿意使用战术。

有意思的是，那几位好色的高管还一致认为，**在心理承受能力和吃苦程度上来讲，应该是不好看的人更胜一筹，这大概是因为从小不被足够关注和爱怜而积累出来的品质吧**。对某些职位来说，这些品质是至关重要的。所以上天为你关上了一扇门，同时会为你开一扇窗，最怕的是，你自己又把剩下的那扇窗也关上了。

## 名牌大学管用吗?

记得听一位资深猎头提起过，他们搜罗的高管人才中，70%以上并非毕业于名牌大学。这个结论经常被周围的个案证实，常常发生这样的情况——主管漫不经心翻看着下属的履历表，看到那个晃眼的名牌大学的名字时，会心地笑一笑，高深莫测地说上一句：这是我当年想考却考不上的圣殿，不过很高兴能与这里毕业的人才成为同事。一句话足以让名校高才生的脊背生出冷汗来，不知道名牌学历带来的是福还是祸。

但一位出身名牌大学的高管朋友认定还是名牌大学毕业的人更好用。他的经验是，同样是做一件事，名牌大学的毕业生在“发现问题—分析问题—解决问题”这三部曲的逻辑思维能力上更强，而且懂得利用一切资源比如网络和人脉等找到更多解决问题的方法，而更多非名牌大学的毕业生只能等待主管发出具体行动的指令。但他的经验也曾被其他高管认定为偏见。后者的经验是，归根到底还是要看个人，大学牌子的响亮程度与人才的好用与否并没那么大。

作为名牌大学的毕业生，以我个人的学习经历来看，当年大学里真正让我难以忘怀的是那种自由自在的氛围和几位极富个性的老师。比如，有的老师信口开河：教材嘛你们自己看看就行了，我就讲点个人体会，反正我可以告诉你，咱们这个专业想考不及格是很难的事；再比如，有的老师整个一堂课就在讲自己对某个政治学领域的小问题论证或推理的过程，然后告诉你在这个过程中他是如何获得快乐的……当然这些老师惹人喜爱的前提是他们在最终的考试时从不吝啬给出高分数，并且热衷于出没有标准答案从而不容易不及格的题目。至于新闻专业的学生应该掌握的采访及写作之类的技巧，实不相瞒，我是在实习及以后的工作中慢慢学习的，而且即使现在看来，这个学习过程还得继续深入。没办法，这时代变化太快。

不过听说现在大学里风气变了，这样有个性的老师越来越少了，取而代之的是考试越来越严格，考题越来越死板了。我有时在想，这是不是我为什么接到如此多的询问如何成为一名专栏作家的来信的原因。如果这些询问者曾经上过一些好老师的课，他们就会领悟出，这是一道没有标准答案的题目。而且当他们心中有这个疑问时，他们懂得去研究目标对象，从而发掘出一些可行性方案，并且能够意识到，问这个问题就像问自己的上司“为什么你能成为我的上司”一样冒失。

## 升职可以“睡”出来吗？

热门电影《杜拉拉升职记》被一些观众戏说为“升职主要靠和老板睡”。如果在以前，戏说也就戏说了，说完了笑完了也就洗洗睡了。可在2010年的中国，这种戏说立刻引起了媒体的兴趣。有女性杂志做了这样一篇专题，找出不同的三种睡法，让我给个意见。我的第一反应是，我已经out了。因为我还从没有把“睡觉”当做可以利用的职业元素，尽管“美人计”是从古至今一直被政变、战争、谋财害命频繁利用且屡试不爽的“妙计”。此外，这个问题能成为问题，说明这个社会已经出了问题。

把“孙子兵法”之类的政治斗争谋略用于今天的商场和职场，风气不是一天两天了。以前被提到的多是战略战术上的启发，现在居然已经细节化到美人计该怎么使、对什么样的老板可以使、什么样的老板不可以使。甚至还有投机取巧者一厢情愿地以为，如果对自己喜欢的老板使美人计，可以一举多得。

杂志登这样的文章，为的是发行量。既然这样的文章好卖，也就说明了在如今的价值体系中，至少对一小部分人来说，金钱地位排第一，其余的统统靠边站。至于东方人曾经最在乎的舆论或者廉耻心，则可以忽略不计。啊，不对，应该这样说，舆论不论好坏，越大越好，坏舆论好过没有舆论。因为有舆论，就可以吸引眼球，就有潜在的商机。

一位电影导演对我说，都是你们媒体惹的祸。看看你们都在登些什么鸡鸣狗盗的东西，一点社会责任感都没有。这话太偏颇了。为什么《三枪拍案惊奇》、《大内密探零零狗》取得了票房佳绩后就没人指责它们的社会责任感呢？作为文化商品，电影也该有传递价值取向的社会责任感吧。

说来说去，还是利益惹的祸。传递着真善美价值观的媒体或者电影，没人买啊。比如，你说升职靠的是提高自己的业务素质和不断改善处理周边人际关系的能力，有人看吗？当然，你可以变着法儿地把这些金科玉律说得有人看，但这毫无疑问就像让相声承担起说教“八荣八耻”一样困难。

既然电影、电视、书籍等文化商品已经与我们以前认知的“值得尊敬的”、“可信的”、“传递积极向上价值观和公共道德的”的文化商品渐行渐远，或者说，这些产品自身鱼目混珠、良莠不齐。在进入消费市场前，它们也许应该先自我定位，最低限度也是不能欺骗了天真到以为按照杂志上的说教就能成功的消费者。就像香烟盒上标有“吸烟有害健康”一样，有些杂志和书籍上都应该标上“本著作纯属娱乐消遣，如若模仿，后果自负”的字样。

如果张悟本早一点贴上此类标签，也许就不会有那么多人上当了。同理，升职究竟能否“睡”出来，也就不会有人相信这些杂志上的话了。

## 人脉不都是吃出来的

美国教授斯蒂芬·P·罗宾斯(Stephen P. Robbins)在撰写的经典MBA教材《组织行为学》中指出，一个典型的首席执行官的时间分配中，至少25%该用于人际交往，而社交型CEO在人际上花的时间可能更多。这里的人际主要指的是与董事会、大客户及公司之外的各界高管。这是把搞人际关系学术化了。

如果连美国管理学界都认为花这么多时间和精力去搞人际关系是合情合理的话，那么在中国职场的实战领域，人脉的维系所占的时间及精力的比例，就远远不止于此了。

人脉要花多少成本，郭德纲的相声《我要上春晚》中有个形象描述：作为北漂族，混迹多年好不容易赚到一笔五千元的广告演出费后，为了上春晚，全部被拿去疏通和导演组的关系了，注意，还没轮到他和人家吃饭哦。这个相声中的细节在现实中并不算夸张。一位上海商人说自己头十年基本没什么钱，挣来的钱，都拿去结交朋友了，也就是最近几年才开始富裕起来。他所谓的结交朋友，除了和朋友们吃饭或者聚会外，还有自己不到场，派手下人去买个单之类的情形。现在他投资的人脉中，有的已经涨到正局级，所以他可以挣大钱了。

也有不需要花钱给人买单积累的人脉。一位电影制片人跟我提起过当年和几位同样清贫也同样热血的人的交往：一边在大排档里喝啤酒，一边共同探讨着发展和机会。如今有的成了国有文化机构的实权人物，有的自组了影视制作企业，还有的去做房地产了。再聚到一起喝酒，就成了一条电影工业的产业链，投资方、许可证和发行方、制作方一应俱全。

在人脉的形成及培养过程中，吃饭喝酒最多只是敲门砖，跟找结婚对象的相亲差不多。双方化学反应合不合，交谈得投不投机，在一起放不放松，才是最关键的。一旦建立了默契，吃不吃饭真的无所谓了。而第一两次饭吃得不合胃口，再多吃也是白吃。对惯于在饭桌上认清人的老江湖来说，哪里用得着吃一顿饭那么长的时间来认识一个人，基本印象大概在热菜上来之前就有定论了；人品问题，就要等日后漫长相处中的各种具体事件和行为来表明了。

一位英国CEO在接受记者访问时表示，他把商务餐饮应酬控制在一周一次，他认为对于人脉，这绝对是有用的，但再多就会影响到工作和生活。相对于中国的国情，40岁以上的商人，最多一周两三次也就够了，剩下的就该算是不顾家庭的自我放纵了。

## 哪种差事让人“不情愿”？

在公司当差，除了你付我工钱，我做我职责范围内的事之外，总有一些难以界定是否为职责范围内的可恶差事被推到你面前。做吧，不情愿；不做吧，又怕影响和雇主的关系。这种进退两难的局面，什么样的公司里都有。

美国的记者调查到，有家银行提出过一项员工“志愿”计划：每人认领一台自动提款机，利用非上班时间在提款机上接受额外的任务或处理突发麻烦。尽管明眼人马上意识到，这个计划打的算盘是：砍掉ATM机的维护团队，同时让其余员工免费加班，从而节约公司开支。但为了以后公司有裁员计划时，上司能顾及自己的无私奉献精神，还是有2800名员工“志愿”参加了该计划。

这种无条件侵略私人时间的差事在时下的职场中可谓比比皆是。有的公司甚至打着“公司就像大家庭”的旗号，让“家庭成员”羞于启齿说“不”。更可恨的是，私人时间被侵占还不是最恶劣的。

一家美国著名软件公司的员工向我爆料，他们公司请人帮他们创作了一支团队舞和一支公司歌，在“开展公司文化建设”的大旗下，要求员工在周末加班学习。对于这位IT单身来说，搭上周末的时间倒也算了，只是这支歌和这个舞让他觉得有点恶心，怎么看怎么像传说中的“忠字舞”。与此相似的一个案例还出现在一家国有企业的中高层干部头上，时间也是周末，内容是大家聚在一起讨论，怎么让自己保持领先。连续讨论两个月后，还得把学习成果用笔抄在纸上，据说此举是为了杜绝在网络上“复制+粘贴”的作弊行为。对这些业界精英来说，他们宁可多出来的差事是认领ATM机。至少时间被侵犯，好过意志被侵犯。

大多数在公司做事的人，都有领教过不情愿差事的经历。除了害怕被炒外，还可以视之为对公司日久生情：虽然我不情愿，既然你开心，做就做吧。但不情愿到一定程度，一定要走。有位帮机构做股票的操盘手在老板递过来的一厚叠空白买卖交易书上签字时，突然感到了恐惧。他把已签过名的撕掉，当天就辞了职。这个决定在三年后被证明是无比英明的，因为那时他的继任被捕了，罪名是操纵股价。

## 不会喝酒的销售员

十年前，我遇到过一位书刊发行界的神人——不喝酒的上海男士。在那个二渠道的书商、发行商纷纷提着装满一沓沓百元大钞的密码箱出没于书展的年代，他是个异类。现在回想起来，“二渠道”的“二”字，和“二奶”的“二”字，含义有得一拼，都暗暗含有地位较次、上不得台面的意思，比如，书展的间隙，各路豪杰喜欢提着密码箱聚在一起豪赌，有种大口喝酒、大块吃肉的绿林气概。有意思的是，大侠们很喜欢偏袒这位上海的白面书生兄弟，挂在嘴边的话是：“他不喝酒，但他是我们遇见的最够意思的上海男人。”

在那个以酒论英雄的年代，能做到这点相当不容易。很多出来打天下的年轻人不把自己的酒量混到高度白酒七八两以上不敢出来见人。这位上海男士一定花了数倍于其他人的时间和精力才成功经营出自己独特的个人魅力，保全了自己的这点原则——不喝酒。

十年后，“二渠道”的地位今非昔比，各种民营、外资杀入书刊发行领域，几乎盖过主渠道，不喝酒就能做好工作的人越来越多。只是新问题也接踵而至，比如许多客户对酒桌上拼酒没了兴趣，却有了去夜总会的新爱好。有位洁身自好的做销售的朋友因为想保留不涉足酒色场所的权利而被同行和同事孤立。因为产品过硬，他的业绩还不错，但人缘不好，工作心情也很差。

但这也不是说不去夜总会就做不好销售。谢天谢地，在竞争越来越激烈的一些行业，产品质量以及性价比终于成了购买者考虑优先顺序的第一位，而竞购过程也越来越透明化。一方制度养一方人，越来越多的人可以不必牺牲个人喜好和一些生活原则也能做好销售工作。比如另一位销售经理，对客户的暧昧暗示从来装糊涂，晚上请完饭后就闪人。他的底线是，大不了我换工作呗。但事实上，他的销售业绩并不差。

甚至已经有人对回扣问题的前景也表示出乐观的预想，说是回扣在购买行为中的比重会逐渐降低，直到没有。虽然不久前，我还遇到过一位满腹牢骚的香港经理人，他举起一支铅笔对我说：“在这里，就算是买一支铅笔都有回扣。”但在一些民营企业家的公司里，这个问题已经被解决了。他们那些拿着几十万年薪的采购经理个个都能把供应方的利润挤压到出血。所以，不拿回扣的采购员和越来越多不喝酒的销售员一样，随着环境的改良，会多起来的。

## 官僚公司怎么混

一位热情进取的外企财务部员工发现了优化工作流程的办法，采用这个新流程，可以大大缩短公司外包业务的工作时间，每年可节约十万元人民币以上。但因为这个新流程的变动涉及IT部、人事部的工作领域，并需要相关业务部门的主管配合，热情洋溢的财务部员工在得到直接上司的批准后，发起或参加了近十个会议后发现，“天才”省钱妙招最后的命运是被搁置。

这样的情况一点也不奇怪。公司越大，层级越多，官僚氛围就越浓。IT部门认为这本该是IT的事儿，岂能让一个财务来指手画脚？人事部门会思忖，犯得着为了这么个事儿把一堆业务主管叫过来开会吗？直接上司会考虑，这个下属的工作热情不该被打击，但推进这个事情，嘿嘿，让他自己走着瞧吧。各个业务主管则会抱怨，又要改表格了，这些后勤烦不烦啊，老子没空！

我见证过一个外企中国区公司从10名员工到200名员工的迅速发展过程。从最开始的和总经理每周一会，凡事速战速决，到最后哪怕一件鸡毛小事都需要"委员会"投票决定，外企民主制度在保证公司稳健前行、不受个人意志左右的同时，也的确大大拖了效率的后腿。最后的情况是，委员会中的某些高管，竟没人知道他们到底是干什么的。很多人名义上是副总经理、主管销售，但公司谁都知道，销售是销售总监一手搞定的，并直接汇报给总经理。通常这样的高管是经济繁荣时的点缀——显得公司管理人才济济一堂，经济萧条时的炮灰——带头冲进裁员大军。有朋友开玩笑说，此类"花瓶高管"是咨询公司的常胜法宝，公司高速发展期时，咨询公司建议他们来充门面；公司停滞期时，咨询公司再建议把他们裁掉。一来一去收双份咨询费。

其实外企还算好的，责、权、利还相对明确，市场上官僚的公司多了去了。我认识的不少人都在这样的官僚公司里自得其乐，有人上班时炒炒股票，下班后炒炒房子；有人在经历了前十年的积极进取后，已在不错的职位上坐稳，从而将工作态度由"进取"调整为官僚的代名词"稳健"。有趣的是，这种调整，偶尔也会得到直接上司——比如某位副总裁的赞许，比如"小张最近成熟了不少"之类。

但"官僚氛围"是大环境，不代表身在其中的官僚们不精明。在提拔下属时，大官僚们还是会倾向于提拔积极进取、毫无官僚习性的勤奋员工，原因很简单，大官僚们可不愿意给自己找一个使不动的小官僚做助手。

因此这位热情的财务工作者还是应该无视公司的官僚氛围，将这股热情保持下去，直到升职为CFO变成大官僚为止。

## 怎么玩团队建设

从来只有管理层才相信，或者假装相信，团队建设活动能够增强团队凝聚力。至于需要被“建设”的众多员工们，只会认为那不过是劳民伤财的一种掩耳盗铃的游戏，尤其是当“团队建设”需要住在蚊叮虫咬的山沟沟里、需要在36℃的烈日下翻山越岭的时候。

还真有专业的户外拓展公司主营此类魔鬼营训练，专门为大型公司提供折磨员工的创意。比如“信任背摔”，要求员工站在一米多高的平台上，身体向后垂直倒下，下边有同伴对面站立，伸手接住。据说一方摔了而另一方成功接住之后，同事之间的信任度会大大增强，而凝聚力当然也就水涨船高了。不知道那些死活不敢摔下去的或者接人没接到的是否应该被当场辞退呢？

团队建设过后的团队凝聚力是否真的增强了，目前我还没找到例证，但为了抵抗团队建设而增强凝聚力的，却有一起鲜活的案例。故事发生在一家咨询公司，在公司宣布将利用周末的两天时间去无锡某拓展营地进行团队建设之后，这个未经公众讨论而由公司管理层单方宣布的决定，激起大部分员工的反感。终于，有一两个不畏权贵的大胆王给公司群发了一封邮件，意思是不希望公司的团队建设侵占个人的休息时间。受这两封信的感染，反对的邮件一封接一封涌入公司各员工的信箱，当然也涌进了想出侵吞周末时间搞团队建设这个“妙”主意的人的信箱。再大的主儿都有欺软怕硬的一面，最后的结果是，管理层闭门开会一上午，讨论出“周末照常休息，将团队建设的时间改为周四下午和周五全天”的决策。至此，“反团队建设”的团队建设取得了彻底的胜利。这之后的许多天内，大家见到对方都格外亲切。

但也并不是所有的民主投票都能催生一个成功的团队建设。以前我们部门想用一笔团队建设费搞一次“腐败游”，住超五星酒店、去海滩晒太阳之类的那种，但讨论了一年多最终还是没有成行，因为始终定不下目的地。泰国？有的人去过了，觉得再去一次是浪费。三亚？没劲。马来西亚？有的人没兴趣。夏威夷？预算不够，需要各自再掏点钱，又有人不愿意。最后一直讨论到这笔预算过了有效期为止。在获知预算过期的那一天，团队突然史无前例地凝聚了起来，大家众口一词地讨伐公司财务部门：因为太忙而没空去团队建设，难道就要接受团队建设预算过期的惩罚吗？财务部在这种超强的凝聚力面前缴械投降，将预算延期三个月，然而目的地始终还是定不下来。最后抓阄抓了一个地方，以一部分人大喊“没劲”为伴奏地建设了一次。

# 第三回合：办公事 VS 办私事

公私兼顾是必须的，
再忙的时候也可以偷闲

时间是挤出来的，挤一挤，总会有的。乐趣是找出来的，找一找，总会有的。

## 会议消遣

我曾经一天开过5个会。上午9：15，每周例会；10：30，与客户开工作进程会；11：50，被老板抓住开经验总结的轻松小会，这种侵占午饭时间的会议是最让人深恶痛绝的；14：30，与同事开项目进展规划会，很快，十五分钟搞定；20：00，被强迫用手机接听一个电话会，一个新项目的头脑风暴，那个会议长达九十分钟，最后手机像烘山芋一样烫。

开会多是为了信息沟通和集思广益，有些会议的确有效，但若期望每个会议都能达到同样的效果，那就只能以失望告终了，尤其是当开会成为一种习惯后。比如每周例会，有些在十分钟内即可结束的工作进展总结，经常会被发言者或会议主持者数倍拉长，误以为效果也会同样加倍，直让人听到打瞌睡、掉耳茧。

这个时候，如果不找个消遣，简直是对被迫工作的五官和被软禁的四肢的犯罪。

有几个同事爱好炒股，每周例会通常也是他们的股评会，通报上周战果，预测下周走势，内部消息互通有无……有时，这许多项目可以在一个人的发言当中被解决掉。

一个设计人员喜欢速写，经常漫不经心地画几幅与会者的肖像，恰似法庭上的画师。有几幅会议速写作品还被画中人精心裱藏了起来。此后，只要这位设计人员在低头弄笔，发言人总要做做表情、摆摆谱，希望被画得好一点，其实更多的时候他只是在作些简要的会议记录。

有个朋友喜欢用手机发信息，很辛苦地把新近听到的笑话输进去，一一发给铁杆朋友，以至于我天天盼望着他开长会。

有个活宝最喜欢整发言冗长的人。一次，分公司的年轻同事在午饭时间喋喋不休说了将近一个小时。活宝跳起来赞扬："说得太对了，可否整理一份发言稿让大家学习？"老板当即首肯，并指示那家伙在第二天做成幻灯片供大家交流。

那位信口开河的小伙子当即愣在那里。可怜的人，又要加班了。

## 办公室里办私事

不管怎样，这总是件令人备感亲切愉悦的事。

当公事无限吞噬私人时间时，办公室里或者办公时间处理私事不仅是应该的，简直就是必须的。比如：和朋友Q会儿天，带着恋人出席应酬场合，到街上散散步、看看俊男美女，等等。

最有趣的是，这种事发生在不同的人身上时，情境也有天壤之别。

一次去财务科报账，只见一个头顶微秃的中年男子慌忙将手中的笔记本合拢扔向一边。我以为他在写日记，一阵感动。后来知道那是他的账本，把每天私人开销的流水账一笔笔记上，还是很感动，天底下竟有活得如此敬业的人。

有个业绩很出色的女销售经常扯着嗓门讲电话。奇怪的是，从来只听见她讲私人电话，比如和男朋友约时间看电影啊，电话里向旅行社订票啊。不打电话时也是风风火火的，或者大笑着和男同事调情，或者一惊一乍地谈论新闻，随心所欲如处无人之境，直让人觉得她在办公室就是天生该办私事的，真不知道业绩是怎么出来的，让人嫉妒到绝望。

我第一次对一位女上司有好感就是因为她上班时间做了点私事。那天下午，一向精力过剩的她居然轻轻地说了一句：我约了个中医，得去看一下，有事打我手机。突然间我意识到原来她也是血肉之躯，一下子亲近了许多，虽然第二天她出现时又是那张观音脸。

朋友在一个小报当主编，得意洋洋地宣称：我们编辑、记者的私活儿都是我派的。他的朋友遍布国内大大小小各种媒体，他的采编队伍成了大家公认的人才库。利用别人的媒体培养自己的名记，并且顺便让职员名利双收，何乐而不为呢？

当然，对于大多数老板来说，办公室里办私事仍是一件十分不顺眼的事。所以，地下工作也还是十分必要的。

哈哈，在老板眼皮底下把这个小私活儿写完了，窃喜了好一会儿。

## 消极工作不如积极怠工

我发现周围越来越多三四十岁的精英人群乐意在工作时间玩一会儿“翘班”。

不久前一个阳光明媚的中午，我们一群人吃完午饭后，有人提议去一家有露天咖啡座的地方晒太阳。时值下午两点，工作日，居然有四五个人留了下来，其中有一位小型咨询公司的合伙人，一位传媒公司的高管，一位做陶瓷设计的SOHO，还有一位世界500强公司华东区行销经理。就这么七聊八侃，各自散去时已经下午五六点。虽然大多数人选择叫车回公司，但我估计那是因为办公桌上的电脑还开着或者家里的钥匙在办公桌上的手提包里，而不是因为需要回去加几小时的班，把这段被翘的班补回来。此外，这顿午餐和这顿咖啡还很可能被其中两位抢着付钱的人作为商务餐饮报销掉，理由是公务会谈或约见客户之类。

你绝对不能主观地指责这些混得有头有脸的人在磨洋工或者以权谋私。只要他们的业绩骄人，开销适中，偶尔怠怠工、翘翘班，最多只能算是善于调剂枯燥的工作，属于懂得工作、有工作情趣的人，就跟懂得生活、有生活情趣的人一样。套用名导演王家卫教导演员“你们要懂得在电影里生活”这句说辞，这些三字头的精英们已经学会“在工作中生活”，可喜可贺。

一位怀孕七个月的女主管母性大发之余，又开始忧虑产假期间的工作事宜：电子邮件怎么处理？手机需不需要二十四小时开机？到底她是否应该休满四个月的产假？为此她向一位有了两个孩子的英国女同事请教。英国女同事的回复很简单："每天下午五点我一定要回家陪孩子的。等他们晚上八点睡觉之后，如果有特别忙的事，我会准备回办公室加班。不过……过去几年好像还没有特别忙的事发生过。"

一席话说得孕妇女主管如醍醐灌顶。她在接下来的几个周末逼迫自己不查公司邮箱，不回电子邮件，所有事务全部等到周一上班时间处理。结果令她啼笑皆非，地球在照常运转，世界并没有因为她周末加班回邮件而改变，公司并没有因为她周一才回邮件而亏损。她拯救了她的周末，而公司的损失为零。

令人啼笑皆非的还不止于此。对于某些工作狂人来说，偶尔的"怠工"简直是必须的。有位以前经常半夜三更为工作焦虑，喜欢在凌晨三点给下属写邮件的老板如今"顿悟"了。他现在更乐意在工作日的下午约工作伙伴出去打高尔夫，并且晚饭之后绝不工作。"怠工"的结果是，他的老板们开始觉得他是个Nice Guy，并且十分有趣。这大概是他从前超时加班，并且万分憎恶怠工现象时所不曾料到的。

## 如何消灭八小时

L女士在来信中建议："不如你讨论一下'如何消灭八小时'吧。就是说，工作已经没有挑战性，且不具备突破的客观条件和需求，上司较情绪化还嫌我太积极。暂时不会考虑跳槽，因为客户不错，公司假期多（也就这点好处了）。已经在备孕，八个小时显得太多了。补充一点，我是双子座的，我跑得太快，以至于我寂寞。所以麻烦讨论一下这个话题，比如给一下建议，调节心理，或者如何让这些多余的时间安全有效也有意义。”

人家利用私人时间打打字已经激起了这么大的民愤，L女士居然叫嚣工作实在太容易，工资实在太好赚，坐在办公室挨时间实在太无聊，不知道又会让愤民们怎样心潮澎湃？

事实上我倒觉得L女士的困惑很有代表性。不管是在冗员丰富的政府机关，还是以榨取员工最大价值为己任的私营公司，上班时间总能找到些空闲时段的。只是L女士的困惑有点让人困惑，现在的消时手段只能说太多，她怎么就找不到自己的那杯茶呢？

几年前我曾吃惊地获知，原来微软等电脑软件公司里的工程师是网络悬疑小说的忠实消费群。由于这些小说通常前面几章免费，后面开始收费，因此他们在上班时间的课外阅读直接推动了网络写作这一产业。这有时也可以解释，为什么他们在下班后还不愿回家。与其在家里看网络小说，不如在办公室里接着看，不仅可以避开交通高峰期的人流，还能享受免费的空调和饮料。

美国证交所的高级雇员则热衷于浏览色情网站，据说一名高级律师每天花费八小时浏览色情网站，他持之以恒的热情让人惊叹，或许他在色情网站行业领域更有“钱途”。

“有效也有意义”的消遣方式还包括炒股，经营个人博客，在开心网上组织民调等。我认识一个银行部门主管，他很希望我们能够刊登他博客上的文章，他的博客，是他在上班时间内开会以外的时间写的。事实上以现在的通信方式，开会时在手机上也一样可以写。

但没有一种方式是“安全”的。不久前还有个朋友因为上班时开着炒股软件被大老板发现而惴惴不安。最安全的消遣大概就是在MSN上聊天了，所以很多公司屏蔽了这个软件，而且这个消遣的缺点就是双方都得闲着。

此外，虽然L女士工作能力过人，却不善掩饰自己的优越感。在别人眼里，工作效率高没什么可夸耀的，因为工作效率高而沾沾自喜进而发出“闲得难受”的感慨却是十足地值得诅咒。我建议，不如趁等着下班的日子里，琢磨一下如何成为别人眼里平庸一点的人，倒是“安全有效也有意义”。

## 我爱洗手

我的工作地点是一张灰溜溜的写字台，在一幢乏善可陈的写字楼的一间毫无性格的办公室里。每天一进办公室，两眼就开始模糊，不知道是被空调的暖风吹的，还是这里通风不太好，反正通常还没坐在位置上就提前进入准睡眠状态。

这里唯一能让我神清气爽的地方是离办公室大门10步左右的洗手间。用我同事的话说：“全套TOTO洁具，专业洗手液，七分钱一张的吸水纸，马桶边还有两卷舒洁！爽啊！”不仅如此，我还喜欢这里洁白的四壁，飘着洗洁液的清香，很干净的感觉。不像那间办公室，被漆成深重的蓝色，让本已模糊的视线被压迫到疲软呆滞。据说那蓝色源自公司的标志色。谢天谢地，公司的标志色不是黑的。

几乎每次上洗手间，都会碰到这里擦擦、那里抹抹的勤劳阿姨。她们经常三三两两地聚在这里拉些家常。混个脸熟后，也能对我的胖瘦差异和衣着风格来个模棱两可的评价，让我收获些意外的温暖，很是开心。

也曾在这里碰到过不苟言笑的女老板。那天她不知哪根筋搭错了，从那扇门里出来和我并排洗手时，竟笑着对我说了句："人生何处不相逢。"害得我一阵傻笑竟想不出应对之词。当时脑子里在想：小时候听大人讲，人在微笑的时候是不会伤人的。不知这个逻辑是否可改为：人在方便之后是没有面具的，最低限度，一阵手忙脚乱之后，还没来得及戴上吧。

因此我爱上了洗手。刚开始时，洗手只是去卫生间的一个附属项目，后来渐渐升级为独立项目，尤其是当目光被电脑折磨得即将涣散时，我会郑重地去洗一次手，然后带着满足的笑容凯旋。

从此明白"洗手间"三个字的真正内涵。

## 蜗牛爬上办公桌

我在一个老式洋房里办过公，三层的小楼，悄悄地立在闹市附近的小弄堂里。狭窄的楼梯，蛇一样盘旋上去。楼梯略显陡峭，脚踏在上面有种摇摇晃晃的感觉，像进了危房。好在外面空间比较惬意，楼前有一块小草坪，像模像样地竖着块"请勿践踏"的牌子。

二楼旋梯旁有个平伸出去的阳台，足有30平方米，上面筑着水泥花坛，里面经常伸出鲜艳的花：栀子、月季还有菊花。

偶尔，我会在午后跑到这个平台上伸伸懒腰、打个哈欠什么的。除此之外，没觉得它有多好，直到同事的女儿——一个5岁的孩子把一个小碗捧到会议桌上。我们正在开例会，会议桌旁围了一圈表情呆滞、无精打采的人。小女孩用嫩嫩的声音宣布她的重大发现："蜗牛在水里探头！"那个碗里真的蠕动着几只蜗牛，还吐着沫沫。大人们纷纷表示了惊奇之后，孩子顿时遭到呵斥——"很脏的，快扔掉"。

但我怎么也扔不掉它们。让我不解的是，为什么这样鲜活的小生灵在眼皮底下蠕动，而我竟视若无睹？是因为它"脏"，所以被目光过滤掉了，还是被办公室的枯燥繁琐蒙住了眼睛？究竟工作是为了让生活更有意义，还是工作已经让生活失去了意义？

突然想起上一次在办公室里遭遇动物的场景。那是在一个高层写字楼里。一只甲鱼突然从门缝钻进来，慢悠悠地沿着灰色的地毯爬向办公桌。我刚准备去迎接这位不速之客，走廊上就传来锐利的女声尖叫，说是"满世界爬着甲鱼"，然后大家纷纷离开办公桌，去捉甲鱼。后来知道它们是一位同事在上班路上采购的，还好被大家及时追捕了回来。记得当时有个同事一边手忙脚乱地捉着一边兴奋地大叫："真有意思！好久没见到这样的活物了。"

办公室里其实有许多东西能给人带来温暖，同事桌子上的古怪贺卡——尽管现在很少有人送纸贺卡了，前台摆的毛绒玩具，还有茶水间里新奇的零食。丧失了幸福能力的人会觉得，那零食是快过期的，那贺卡是公司的商业行为，那毛绒玩具是免费送的，但正是这种眼光，让草地里的鲜花和蜗牛一起消失，满眼尽是一片怎么也高兴不起来的灰色了。

## 网名全追踪

她是我的大学同学，也是我的网络好友。我们从BBS聊到聊天室里，又从QQ聊到现在的MSN。

从上网的第一天开始，她的网名就在随着心情改变着。几年下来，一部网名史简直就是她的心情记录。

上班的第一天，她就把网名改为“帅哥如云”。原来公司除了寥若晨星的几个女孩子外，清一色年轻小伙。那段时间，她好像很忙的样子，很少找我聊天，大概每天忙着和帅哥周旋吧。

不久，网名改成“呀他个头”。她倾慕的一个北方帅哥同事不仅不领她的情，反而揶揄她的南方口音，经常恶意模仿她“好的呀”、“走了呀”、“睡觉了呀”，气得她七窍流血，骂他骂到网上来。

迷上村上春树的那段日子，她叫“为什么不是绿子”。因为她爱极了《挪威的森林》里的绿子，对男主角迟迟纠缠于对直子无望的感情，很替绿子报屈。她性格开朗活泼，出言无忌，大概潜意识里，早就与绿子合二为一，分不清绿子是她，还是她是绿子了。

她叫“50支口红”的时候，恋爱了，变得比任何时候都爱打扮。经常拖着我去逛街，居然一周内买了50支口红。我笑她：你是不是一定要同时用50支口红呀？他是不是对口红颜色特别在意？她笑而不答，回家就把网名改了。

失恋时，叫“没记录真好”。那是我们在聊起MSN和QQ的区别时来的灵感。QQ有历史记录，聊过的东西，白纸黑字留在那里，打印出来，就是一本现成的对话录。MSN却没有这个功能，随着窗口的关闭，说过的话，做过的表情，就灰飞烟灭了。开始我们俩都不太习惯用它，总希望能够有“旧”可怀。直到她失恋，才对这个反对历史的东西突生好感。那天她没头没尾扔过来一句话：“没有历史记录也挺好。”看我没反应，又接着说：“可从零记录重新开始。”

世界杯期间，她的名字是“谁帅就帮谁”、“英格兰必胜”、“罗纳尔多头”。最后改为“韩日世界杯”。大概觉得裁判和韩国队的表现实在太伤人心了吧。

世界杯结束后，她也跳了槽，网名变成“新新学子”，立誓洗心革面，疯狂工作、疯狂赚钱。她考上了MBA班，每周工作日的两个晚上和周末都要读书。这个名字持续了很长一段时间，直到她真的成了MBA。于是顺理成章改名为“爱母鼻哀”，宣告大功告成的同时，顺便笑笑同班一位陕西人的口音。

现在她的名字叫“瑞士雪山”。那是她明年休假准备去的地方。最近她在一个新东家谋得了一个好位置，薪水也较为可观。每天忙得焦头烂额的时候，看看这个名字，就如喝下一杯清冽泉水，疲惫的身心如同沐浴了一次SPA，精神又重新抖擞起来。

## 一声长啸

一个静谧的午后，阳光把电脑屏幕照得有些反光，站起来环视办公室一圈后，伸了个懒腰，开始昏昏欲睡。这时，一声长啸撕破长空，初而像痛苦的号叫，继而转为发泄般的呐喊，最后音量渐弱，以快乐的呻吟告终，叫得人懒劲尽除，浑身舒畅。大概老板也正在努力做到一边打瞌睡一边尽量睁着眼睛，被这声啸咏惊醒后，朝着声音传来的角落笑了笑，轻挑眉毛说了声："叫得不错嘛。"然后神清气爽起来。

啸声来自一位男同事，据他说，他原本只是想伸个懒腰，打个哈欠，嘴里配合着发出了点咿呀声，觉得很舒服，于是就顺势肆意叫了下去。他还说，忙起来时，连和女友约会的时间都没有，叫一叫算什么？

朝九晚五，不，应该是朝九晚六（大多数公司依照劳动法的规定将午饭一小时的时间排除在八小时之外）的日子的确枯燥。哪怕是再痴迷的工作狂也需要放松和调剂。普及在办公室里的男女同事间的打情骂俏是一种极好的调剂手段。同事间利益相关，谈公事大煞风景，谈私事又怕伤了感情，唯有风月是个四角俱全的话题，既可调情悦己，又客观上恭维、取悦了对方，增进同事间的交流，绝对应该大力提倡。

还有音乐。我一直认为没有音乐的办公室是可怕的。很难想象只有键盘声、电话声、老板的训话声的办公环境下能有什么创造力。有的跨国公司刻意把办公环境营造成娱乐城：办公室里绿树环绕，员工上班时可以听音乐、吃饼干、喝咖啡，下班后可以打网络游戏，让人恍惚间忘了这是办公室。掐指一算，才发现工作时间早就超过了八小时，老板的“娱乐投资”已得到超值回报。

老板靠什么放松呢？在一次“头脑风暴”的会上，我的老板突然谈起对客户的头儿——一个强悍的香港女人的看法，结论是“其实她内心也许是很脆弱的”。得意的笑容在他脸上挂了很久。

## 误闯私人地带

到客户处公干，她去取传真件时，我的视线一不小心闯进了她的私人地带。

那是挂在办公桌挡板上的挂历。当天的日期被一个粉红色透明的“心”形贴纸贴住，娟秀的字体在上面轻快地写着“Baby's Birthday”。她回来时，想向她表示祝贺，又觉得有些莽撞，怕冒犯了她的隐私，于是对她说：“你今天心情好像特别好嘛！”她愉悦地说：“是呀，老公生日。”我暗自庆幸还好没自作聪明提前贺岁，否则一定把这份生日贺礼强行送给她的小宝宝了，更糟糕的是，我根本不知道她有没有小宝宝。

我无意中发现女上司除了老公之外还有一个老外情人是因为帮她接了一个电话。她大概去洗手间了，她的直线响了五声之后，我决定帮她接听。拿起电话，还没来得及说“喂，你好”，一个中年老外的声音就迫不及待地喊起来：“Hey， baby，I miss you so much. Do you come tonight? ”我一时手足无措。突然想起一个故事，当一个男士误闯女浴室后，最佳反应是说一声：“噢，对不起，先生，走错了。”于是胡乱对着话筒说：“什么？你在说什么？打错了吧。”然后挂机了事。

还好，像这样尴尬的机会毕竟不多。而且，有时，隐私的被侵犯者比侵犯者还要尴尬。

一次请一个女朋友帮忙扫描几张照片E-mail给我。网络出了问题，她索性把照片存在信箱里让我自己去看。在告知我她信箱密码时，她突然口吃起来，憋了半天，好不容易说出：“嗯，嗯，密码是：I-L-0-V-E-M-I-C-H-A-E-L”。

她是个羞涩腼腆的女孩子，这是她第一次对我说出男友的名字。

# 第四回合：生存 VS 生活

生活有N种可能性，生存与
生活相互依存，又彼此独立

连比尔·盖茨都有家庭和孩子，喜欢打羽毛球，你的“生活”又在哪里？“生活”和“事业”一样，是需要在工作之外的时间里，抢攻下来的堡垒。

## 不简单的简单生活

对一些人来说，生活分为若干部分：打工挣钱、享受生活、寻找爱情、投资兴趣……这些部分虽然相互影响，但基本上还是泾渭分明的。

刚从国外读了艺术史回来的简妮对此不屑一顾：“他们的生活太复杂了。生活要简单，精力要集中。”简妮的生活只有一个追求——做阔太太。在这个明确的目标下，她勤奋读书，考取名校；动用父母的养老基金，出国留学；积极练习网球、高尔夫，培养品位；阅读时装杂志，进修穿衣打扮；对围在身边的穷文艺青年不理不睬，守身如玉，全副精力放在钓金龟婿上。如今她已小有所成，在画廊工作的时候，认识了一个喜欢投资艺术品的温州大款，进展顺利。

在简妮看来，**太多的人怀揣着太多的目标和想法，而这些目标与想法又是相互矛盾的。**比如喜欢写诗的人，同时又想要金钱。而事实是，写诗肯定赚不了大钱，而在金融或商界赚大钱的人一定不会有闲情逸致来写诗。

与其有太多的目标，不如简而化一，只留下一个最重要的，把其他的都扔掉。这简直可以算是职场的一条真理。

小小年纪，已经懂得君子有所为、有所不为的道理，真是后生可畏。

新新人类当中，可畏的还有很多，而且各有千秋。

前两天又遇到一个，是个男的。他的简单生活的原则是人要活得随兴。大学毕业之后，因为成熟的他突然醒悟，原来大学四年读的专业并非自己的喜好，而是父母强加给自己的，于是他决定跟随自己的意志，待在家里不去工作，直到自己喜欢的工作找上门来为止。还好他的父母有能力养他，但愿不会养他一辈子。

我有个还没出校门的师妹，已经决定这辈子与文字相伴，并且她还有个骇人的偏见：文字的灵感只有在饥饿的状态下才能诞生。她决定用贫穷与饥饿浇灌自己的文字天赋，使灵感茁壮起来。

尽管这种种个性化的“简单生活”让人有啼笑皆非的感觉，但显然他们已经在更小的年龄思考自己的一生。比起他们，早生十年的那一辈，该读书时读书、该找工作时找工作的那批人，也许的确活得太复杂了。

## “退休”后的职业生涯

本来我以为“35岁退休”这个话题早就过时了。谁知现在有越来越多的人正在严肃地考虑这个问题。

金牌电视制作人刘先生正在犹豫是不是要告别这个曾经为他带来声誉和房产的职业。他现在更大的兴趣是写书。有出版商拿出五份书约以及十万元预付款为这个兴趣买单，这绝对是个致命的诱惑。虽然收入一定比制作电视少——毕竟谁也无法保证自己的书像《达·芬奇密码》那样畅销，但刘制作已经在脑子里完成了退休生涯的速写图：早起游泳，早餐，写作两小时。下午打网络游戏，偶尔会友。晚上读书，上网，再写作两小时，上床看书、睡觉。这个张弛有度并且健康充实的生活计划一再地撞击着刘制作现有的成功职业模式，尤其是在他必须为新节目连续熬两个通宵的时候。

他构想中的“退休”，其实已不再是简单的“退休”概念，而是一种相对自由自在的生活状态。但也有隐患，万一书的销量很差呢，万一收入锐减而致使生活质量明显下降呢？那个时候，是否会迫于生活压力去写自己不喜欢的东西，是否会后悔当初的辞职呢？

这正是他迟迟作不了决定的原因。很烦是不是？有选择比没有选择还要痛苦。

我认识的另一位退休在家两年的IT精英现在已经准备复出了。他是2000年那波网络热潮中兑现了期权的幸运儿之一。两年的退休生活里，他写了十几个创业计划，咨询过投资理财的方案，还读出一个心理咨询的上岗证。他同时还成为了老朋友们各种聚会活动的忠实候补。不管是Party、晚饭还是唱卡拉OK、看球赛，如果原先约的玩伴临时爽约，叫他来替补准没错。

复出是因为“退休的日子”没意思。当工作之外令人如饥似渴的自由生活变成了每天二十四小时的正常生活状态，自由就像是最终结成了婚的婚外情，由绚烂而归于平淡。他这样总结这两年的退休生涯：在办公室忙着的朋友都羡慕我，在家里闲着的我就羡慕朋友。

如今那十几个创业计划中的一个终于引起了一个投资商的兴趣，他的短暂的退休生涯即将结束。但可以想见的是，过不了多久，他大概又会像刚卖掉期权时那样，陷入对退休的渴望。

## 假日魅力

上班时间之所以可恶，就在于一切行为模式早已被设定好，你需要做的只是遵守，或者换一种说法，被迫服从。比如：上午九点钟必须到，下午六点钟才许走；必须在规定时间处理完那些冷冰冰的或者虚情假意的文档；就算头痛欲裂也只能微笑着对着话筒讲话直到说完“Thanks Bye”。办公室的生活就像一台只能看新闻联播的电视机。就算今天播放拉登被捕的特大新闻，恐怕你也没心思打开电视。

而假日就不同了，生活变成一只遥控器，有很多频道可以选择。早起跑步，或者睡到下午两点；逛家乐福，或者在家看影碟；去商场花车慧眼淘金，或者到钱柜唱卡拉OK……而这只遥控器就握在你的手中。

每个周末，我都愿意发一会儿呆，躺在沙发上，把遥控器上的所有可能在脑子里过一遍，然后乐滋滋地消遣这两天宝贵的日子。

偶尔的郊游是有的，崇明岛、嘉定、青浦……脑子一热，拎起背包就冲到这些地方，胡乱走走看看，开开心心地把两天挥霍掉。

大部分周末是待在家里，看看书，上上网，听听音乐，看张碟，逛逛超市。都是些平淡的事，日子却过得像跳莎莎舞一样欢快。往往是没觉得做了什么，两天已悄然逝去，只好蓄足力气等待下一个周末。

更多时候，我起得和工作日一样早（但没设闹钟），和在办公室时一样上网（但没有Deadline表格晃在眼前），或者竟然选择加班（但不是老板命令的），利用一个周日下午把上周没杀青的东西结果掉。没有加班费，唯一的报酬是可以觉得自己很崇高。

就算做完全一样的事，却有着完全不一样的心境。因为是我在遥控频道，而不是频道在操纵我。

我可以选择外出旅行，也可以突然厌倦远足，在家里睡懒觉；也可能这一分钟我躺在床上，下一分钟我已在前往昆明的飞机里。

**假日的魅力不在于你做了什么，而在于它有许许多多的可能性。不管你做，还是不做，选择权在你。这种富有的感觉，就是假日的全部意义所在。**

国庆将至，我不打算出上海。在这个全民旅游的时段，哪里还能有风景呢？但真的就这么敲定了吗？当然不是啦。下一分钟的我是什么样，只有上帝才知道。

## 与女银行家学习约会战术

对一个女银行家来说，生活中最苦恼的事情之一莫过于找不出时间来约会。白天处理公司的事，晚上需要和欧美客户沟通，夜里总得留时间睡觉吧。于是有的女银行家放弃了个人感情生活，有的放弃了银行家这个高度挑战性的职业，还有的，什么都不想放弃，而是没有时间创造时间也要约会。

一位新加坡女银行家不仅家庭圆满，而且居然于在职期间生了四个孩子。当初她和先生约会时的时间战术如下：每晚六点准时下班赴约，晚十一点赶回公司处理事务，凌晨三点回家睡觉，第二天早九点准时出现在办公室，制造出一种她是标准朝九晚五能够准时下班回家的白领的假象。当然，这一切随着二人步入婚姻而渐渐真相毕露。然而生米已煮成熟饭，况且两人的感情也日久弥笃，这时妻子的因公晚归也慢慢被归入可以接纳的范畴。

同样的时间战术还有一位女作家的案例。某香港女作家在结婚生子后，很长一段时间内为写作与成为贤妻良母无法两全而苦恼。白天在家照顾孩子，晚上又要陪老公。终于，她寻找到一条两全的道路：每天凌晨三点起床写作，写到六点，上床睡个回笼觉，七点左右和家人一同起来。一年后她的新书出版时，连她的老公都纳闷：你到底是什么时候写的呀？

这些八卦告诉我们，事在人为。当然，总有牺牲的，完整的睡眠被打破、睡眠时间减短，绝对不是什么舒服的事，但也许比扔掉写作或者扔掉老公舒服点。

与女银行家和女作家相比，1岁孩子的母亲、我的一位女朋友对生活永远只有抱怨。孩子时时刻刻在哭，老公总是什么忙也帮不上，家里的阿姨永远笨手笨脚，父母来帮忙却越帮越忙，这一系列抱怨的结果最终导致我们朋友聚会的时候她永远没空过来，要么那天是新阿姨上班的第一天，她需要临场指导，要么公司要加班，要么孩子有点不舒服……约了她几次都没空后，大家就习惯了聚会时把她默认为缺席。于是她的抱怨就多加了一条：朋友们喜新厌旧，再也想不起她了。

其实她最该抱怨的是她自己，除了她对生活诸多细节的苛刻要求外，她的老公、她的朋友，她的父母，她家里的阿姨，都处于可以被牺牲的行列。如果是她处在女银行家或者女作家的位置，大概要去撞墙了。

## 生存还是生活?

超级畅销书《明朝那些事儿》的作者当年明月是个试图把生存与生活摆得黑白分明的人。朝九晚五的时间里，他叫石悦，是海关总署的公务员，拿着优厚的工作酬金，做着不算吃力的公差。每个工作日的下午四五点之间，他开始进行角色转换，回到家后就变成天涯上的“当年明月”，在网上写作《明朝那些事儿》，如此数十年不间断。

对于许多人面对的生存与生活之间的矛盾，石悦找到了一种奇妙的平衡。他幸运地考上了200多人中录取一名的海关总署的公务员，为的是有一个正经体面的社会职位和一份丰厚的薪水，至于喜欢不喜欢这份工作，显然并不重要。而回到家后，在网上奋笔疾书，则是他的个人兴趣。在十多年前刚开始写的时候，他没有指望这个兴趣能为他带来什么名与利，但这并不妨碍他用比白天更投入更热情的方式实现愿望。简单地概括一下这个状态就是：白天挣钱不投入，晚上投入不挣钱。“不投入”三个字，很可能会让领导们觉得刺眼。而事实上的情况是，如果一个员工向领导汇报自己对待工作“精神十分投入”，不是员工自作多情，就是领导太傻太天真。只要态度认真，行为努力，工作有成果，已经是难得的好员工，精神投不投入，根本不需要管，也没法管。换一种说法，**石悦（当年明月）的平衡来自于对工作与兴趣双重的低期望值：不期望工作有趣，不期望兴趣赚钱。**

但是若把兴趣爱好养成了名利双收的事业，新问题也就来了。当《明朝那些事儿》（六）出版时，书号方已由中国友谊出版公司转换成与作者就职单位同属一家的中国海关出版社。这里面的利益纠葛虽然不足为外人道，明眼人也可以看出个七七八八。兴趣养到了这个程度，已经与纯粹的兴趣差之甚远。附着在兴趣上的利益与是非带来的烦恼有时甚至超过了兴趣本身带来的乐趣，但这已经是另一个话题了。对于更多的人来说，这更像是幸福的烦恼，若还不识趣地抱怨，就矫情了。

“生存与生活”究竟如何平衡？是我收到的读者来信中数量高居第一的大课题。只是恕我浅薄，我不认为这个问题有明确的答案。这里面涉及了取与舍，得与失，付出与收获，努力与惰性等太多需要你根据自身性格特点来选择或者改变的因素。

我的做法是排出我当前最想要的东西，选第一个，然后看看在剩余的补丁时间里，能不能塞得进第二个或者第二个的一部分。但更多的人还是都想要，可惜老天不会满足这种贪心，于是就乐得冷眼旁观你一直在生存与生活的钟摆中痛苦地摇摆了。

## 画龙点睛的第二职业

我建议公司老板鼓励员工在业余时间发掘扩壮大自己的第二职业，这不仅不会影响本职工作，反而会因为分心产生的内疚感使员工更尽职。

在一个酒吧里，我见过一个白天在咨询公司当分析员，晚上十点以后来当鼓手的小伙子，那天因为公司加班迟到了二十分钟，他向众人隆重道着歉，并向代替他上场的乐队同事拥抱致意。试想一下，当你还陷在咨询公司一场冗长的会议中时，5000米外的演出场地正在焦急地等待着你，这是怎样的一种被需要的成就感？不久前，一位公司金领向我诉说了她的焦虑：工作虽然稳定，但上升无望；眼看到了四十，改变又缺乏勇气；想开发点什么别的兴趣吧，绞尽脑汁还真想不起来。我建议她去学拉丁舞，或者弹古琴。我认识的另外一位和她一样的成功女性，不仅通过学弹古琴解决了自己的困扰，或者说，用学弹古琴的时间替代了烦恼的时间，还在古琴教室里结识了一位男朋友。更好一点的方式是去学高尔夫，说不定能认识一群有助于突破事业瓶颈的职场贵人，但这项事业的缺点在于需要占用白天的时间。

**最迫切需要第二职业的有这样几种人：一是事业进入平稳期、工作缺乏新鲜感的资深职场人；二是个人价值体现不仅仅寄托在一个工种上的志向多元化的“花心”的人；三是身居高位、却又不在决策者岗位的富贵闲人。**我认识一个走向歧途的第三种人。在升为副总经理后，身心因为突然闲下来而感到无所寄托。她开始不自觉地与男下属暧昧，这个危险的方向最终导致她离开了公司。

第二职业不仅仅能成为向公司同事倨傲的资本：你忙成这样又能怎样呢？可在网上还有个茶叶店需要我照顾呢，还能在事业遇挫时充当心理按摩椅。我周围朋友中最多的第二职业选择是心理咨询师。他们在工作不顺时的口头禅是：大不了我去某某咨询所摆张桌子开门诊去呗。毫无疑问，这是个健康而积极的发泄渠道，肯定比那些工作不顺时花钱去找他作咨询的人更积极。

既然是第二职业，就要花时间和工夫往专业人士方向发展，而不是仅仅满足于玩一票。比如练瑜伽，就要做到能竞聘瑜伽教练；打高尔夫，至少能参加业余比赛；热爱拍DV，至少能作出一部在网上发行的影片，没准还能在国外影展获奖。只有这样才能称其为事业，而不是兴趣。深切需要第二职业的人往往精力能力都超乎常人，不修成专业水平，无法为他们带来持续的动力。话也说回来，只有钻得深透，才能榨取他们生活中的全部剩余时间以至于再也没有多余的一秒钟抱怨生活没有方向。

对于那些担忧员工发展第二职业而影响本职工作的老板，我想用这样一个事例来说明他们的担忧是多么没有意义。一天上午九点，我在写字楼拥挤的电梯里听见一个白领在电话里卖话剧票，他对着电话重复了一下快递地址，是另一个写字楼。不难推测，买家是另一个公司的白领。根据我在网上购票的经验，他一定是囤积了不少热门戏剧低价票的黄牛卖家，因为我也在上班时间光顾过这样的小店。所以，如果老板需要担忧他们开网店而占用工作时间，同样也需要担忧员工会不会在工作时间逛网店。在网络时代，这就像决心要禁止员工发垃圾邮件一样不仅徒劳无功，还会被时代嘲笑。

## 有创意没创意

困难当前，总有办法，只是有的人能找到，有的人找不到，有的人根本不知道除了等死之外世界上还有“找办法”这回事。

大学里听过一位中科院院士的讲座。和我的父母辈一样，他成长在物资匮乏的年代，家里穷得连闹钟也没有。但他希望自己每天能够早一点起床读书。在不想惊动父母又没有闹钟的情况下，怎么能够让自己早一点起床呢？他的创意是，每晚睡觉前喝一定量的水，用夜尿逼迫自己起床。时间长了，他甚至知道若想凌晨五点起床应该喝多少水，以及四点应该喝多少。这套起床的办法被他命名为“尿疗法”。从一个农村里的穷孩子成长到今天的院士，不知道他曾经想出过多少类似“尿疗法”的创意。

两位女朋友最近都升级当了妈妈。一位生的是女儿，为此辞了职当全职妈妈，并且还调动了孩子的外公外婆来家里帮忙；一位生的是双胞胎，三个半月产假后，照常上班，白天孩子由保姆带。结果是生了一个孩子的全职妈妈每天忙得鸡飞狗跳、蓬头垢面，见人就开始唠叨带孩子的苦楚；而养双胞胎的那个不仅升了职，还兼职自己住宅小区业委会委员，上班之外，带领居民一起和物业公司打官司。

可见大家生活的内容都差不多，只是在如何去生活这个问题上，有创意的和没创意的，就会活出个天壤之别来。

## 安慰剂也没有什么坏处

心情不好可以去血拼，可以对着亲爱的人胡乱吼叫；感情不顺可以到电台情感热线或者心理咨询师那里找骂，不喜欢被他人羞辱的话还能选择自虐，比如去小酒馆把自己灌到吐之类的；在职场上扮笑扮到笑神经麻痹、装孙子装到脊椎再也挺不直之后，伤痕累累的灵魂与良心同样需要被抚慰。

孩子，成了一些人的安慰剂。

资深广告销售人员李先生说：“每天回家一按门铃，我那还不到3岁的小女儿就会把拖鞋拿到我面前，而且是踉踉跄跄一路小跑过来。一见到她的笑脸，什么肮脏龌龊的事都忘得一干二净。”怪不得许多职场精英在“意外”地得到孩子后，紧皱的眉头都变得舒展，原来这个小精灵是最高效的职场污气净化剂。

如果没有孩子，可以暂且把恋人当成出气筒，撒个娇，发个火，来一顿佯怒的拳打脚踢。现代爱情故事变得越来越快餐化，恐怕繁重的工作压力难辞其咎。八小时在外打拼，太多的委屈需要被安慰。当浓情蜜意全部转化成安慰剂被透支个精光后，也就到了换新恋人的时候了。

倾诉，也是个解压的好办法。最常见的倾诉类安慰剂可谓午餐时间的“同事互助心理咨询会”。几个相好的同事一道午饭，把对公司、对老板、对客户、对同事的种种不满全部说出来，来个职场污水大交流。当然，污水是不会被倾诉净化的。但说出来之后，心境的确明朗了许多。

有文人气质的人可以写博客。白天在办公室绞尽脑汁想着怎么争权夺利，晚上回家用文字探索真善美。当被同事或同行痛斥的时候，可以在晚上的博客中说：白天的我，不是我。仿佛那些白天的事情不是他做的一样。虽然有掩耳盗铃之嫌，但在没有违法的前提下，他毕竟在心理上获得了“晚上的真我”的庇护。有些时候，人更怕的是自己看不起自己。所以，“我”还是真的、善的、美的，一切不光彩的事都让那个白天的“假我”去承担吧。

能狠得下心来把自己一劈为二变成“真我”和“假我”的人毕竟是少数，大部分人依然不愿意为职业违背自己为人处世的初衷。于是职场被他们描绘成“尔虞我诈的大染缸”。能在染缸里如鱼得水的人，想必不会是什么好东西。这样的想象可以给事业平平的不少人带来平衡和安慰：虽然我没钱没势，但我毕竟是个好人，嘿嘿。

影片《霸王别姬》里张国荣的师父有句话说得好：人，得自个儿成全自个儿。实在成全不了的时候，或许安慰剂也没有什么坏处，至少它可以让你不那么痛苦地继续下去。

## 每晚八点，你在干什么?

我很想知道，在这个时间，有多少人正在按自己的意愿做事。

先把自己捐出来做活体标本：

在上个礼拜，我最想做的事是去健身，跟着GYM里的教练跳跳舞，在跑步机上折磨一下自己。一是我处于亚健康状态，应该锻炼；二是刚买了年卡，不去实在浪费。没想到一连七天都未能如愿。

因为工作。周一来了老板的老板，十分友好地邀全体同仁晚餐。其实这个饭局是道选择题，完全可以不选。但事实是我选了。

因为友情。周二临下班时接到一老友的电话。原来正在闹离婚。拎着健身的衣服赶去和她碰头。走出那家茶馆已是晚上十点。

因为身体。周三突然头疼，从下午一点起就恨不得立刻冲回家里的床上躺着。如果叫我去锻炼，不如叫我去死。

因为失误。糊涂呀，这天竟忘了带运动衣、运动鞋，光着脚骑单车不成?

因为借来的影碟。热门影片，不容滞留，赶紧回家看了吧。

因为突发奇想的郊游。好不容易到了周末，没有非典的周末。正好有两张青浦东方乐园的赠券，快点玩掉它吧。

因为父母。他们未经预约就做好了四人份的丰盛晚餐，总得过去捧场吧。如果他们提前通知，或许我会把健身安排在下午。但也说不准，因为下午有个小型朋友聚会。

生活像个大卖场，走进去，立刻眼花缭乱，完全忘了之前列出的购物清单。出来时拎满了袋袋，当初想买的东西却一样也没有。

以前有人做过六十年生命大盘点：假如你活60岁，那么你一共睡了二十年，五年的时间花在路上，照了六个月的镜子，四百天处在漫漫等待中……按这个算法，以我上周的表现为例，我一生都在做计划外的事。

现在是晚上七点。本来想去一家新发现的川菜馆饕餮一通，但我决定改变主意。简单吃一点，马上去锻炼。NOW！

# 第五回合：办公室八卦VS舞台喜剧

办公室里喜剧和阴谋一样多，
职场八卦比电视剧更好看

有人的地方就有八卦，有人的地方就有笑话。办公室里的喜剧和阴谋一样多。**悲观的人，在办公室里看到的是争权夺利，阳奉阴违；乐观的人，则可以在办公室里看到一场活色生香的人间喜剧。**当局者迷。如果你能跳出职场，以观众的心态，欣赏职场舞台上的老板与下属，同事与同行们兢兢业业的言行，哪怕是那些曾经让你恨到齿痒的两面三刀的言行，都变得不再可憎。职场的舞台上，我们偶尔都要客串几个反面角色。

## 洗手间里的规矩

写字楼到底高不高级，不仅要看地段是否高尚、装修是否得体，还要看洗手间是否上路。有位在淮海中路某高档写字楼办公的朋友经常抱怨他们的洗手间："自从隔壁一家私人小公司搬来后，洗手间就再也没干净过。"不知是不是觉得租金太贵，非要在洗手间里彻底破坏一下才觉得解气呢?

不过这种问题还是交给物业去解决吧。毕竟大部分的写字楼里，卫生间里的卫生问题都不再是个问题了。

虽然再干净、再清香的洗手间也不能让人发自内心地喜欢，但因为它远离电脑、远离办公室内的格子间和同事们一张张严肃认真的脸，如厕的那一小段时间里，心情应该说还是相对轻松的。

一位电脑公司的技术总监很看重这段轻松时间，他甚至发明了"洗手间健身法"——每天刻意多喝几杯水，增加如厕的频率。虽然路程不远，但从座位上步行到洗手间，已经成为他在工作日仅有的运动。其余时间不是坐在座位上，就是坐在自己车里。

技术总监大概不知道，公司给他的洗手间待遇已经很优厚了，颇让在咨询公司工作的一位小伙羡慕。小伙坐在办公室最里面的位置上，离老板的玻璃办公室很远，按说是个不错的位置。只是最近办公室把后门堵住了，如厕一律要从前门走。小伙每次去洗手间都要走好长一段路不说，还经常惊动格子间内埋头工作的同事，每个人都抬头看他一眼。这感觉很像在全体的注目礼中去如厕。最要命的是，不久就有人来关怀他："你如厕的频率好像比一般人高，是不是要去医院看看？"原来午餐时间闲聊时，好多人提到小伙去洗手间的事，感觉他在一天内去了很多次洗手间。吓得他连水也不敢多喝，从此早上进办公室前如厕一次，一直坚持到下班前再第二次。为杜绝人言，坚决抵制洗手间的诱惑。

还有持钥如厕的洗手间。这样的洗手间多为一家公司所有，公司的员工人手一把钥匙，用完之后再锁上。可恨的是有时男女两间洗手间刚好门对门，出来时碰到对面同时出来的异性同事，只好尴尬地笑笑，像是整个如厕过程被对方偷窥了一样心虚。

在这样上锁的私密洗手间里，偶尔会发生预料之外的事，比如惨绝人寰的哭声。那是某天上午对面一家公司的洗手间里传出来的。我们议论了两分钟，就又埋头工作了。但愿里面的人洗完手之后，能顺便洗去他的坏心情。

## 电梯里的异香

外企云集的写字楼，电梯里多半充斥着脂粉香。女人脸上的粉，身上的女士香水，男人发梢上的啫喱以及身上的男士香水，再混合着体香，站在里面就像进了香料厂，一鼻子的茫然。

国企云集的写字楼，啊，不，应该是国企写字楼，因为国企喜欢自己独霸一个山头，圈地为王，哪怕是一个矮八丑陋破旧的楼也好，一般有一个专门的楼层是用做食堂的。一到上午十一点，就饭香四溢，电梯成了慢车，站站停，接进来一批批吃过了或还没吃的人群。有些人嚼着最后一口饭满足地踏进来，饭菜香混合着口腔黏液的味道，咂吮有声，偶尔用手指剔剔牙缝。

比起这种饭香，香皂味似乎还更让人愉悦点。那是在一些福利好的单位，职工一到下午就可以拎着毛巾香皂去浴室洗澡，一来挪用上班时间，二来省却自家的水费电费，何乐而不为？只是每当在电梯里近距离闻到香皂或沐浴露的味道，看到一头湿发，就像偷窥到别人洗澡一样不自然。

这样看来，还是国企更像个大家庭。吃饭、洗澡、日用品发放等等，都被照顾得体贴入微。虽然由于薪水低或其他什么因素，员工也不时骂骂单位，但那终究还像传统大家庭里的口角，骂完后，一家人还是一家人。

外企就不同了。一个个包装得光鲜可人，笑容可掬，看起来像个五好家庭，说白了至多是个寄宿学校。走一个人，连招呼都懒得打。

有个女同事，就因为留恋家里的饭香，竟丢掉了饭碗。事情是这样的：她厌倦了中午的外卖，于是每天早上从家里带饭来公司，中午用公司的微波炉转一转就坐在位置上吃。没想到却遭到外籍老板的白眼，被认定为“损害公司形象”。

她倒也想得开，索性跳到一家国企，心安理得享受饭香去了。

## 谎言之最

美国的一项统计表明，营营役役的现代人，平均每人每天创作20个谎言。

如果把任何与真实面目有出入的说辞均称为谎言，20个，应该不算多。不杀人，不放火，不偷盗，只是脑子一转弯，偏不把你要的话给你，又算得了什么呢？其实我们早就把这样的谎言纳入可以接受的范围，也已早有心理准备，随时愿意对这样的谎言施以宽恕。甚至，我们还很乐意听到谎言，悦耳悦心，一笑了之。

最受欢迎的谎言莫过于八卦。

明星的八卦已不能满足视听需要。到底是照片上的纸人，荧屏上的电人，隔了十万八千里，谁知道谁呀？还是邻里的、同事的、同学的事更解渴。隔壁办公室的小孙，看上去挺活络的小姑娘，为了逼婚竟玩割腕。虽然没人亲见她割腕时的场景，但带着这个遐想，她的最平庸的一举一动也开始染上传奇色彩。

最泛滥的谎言：我在开会。

如果不愿意接听电话，就换成录音，或者委托前台帮忙说一声“在开会”。什么叫开会？除了会议室里团团坐的会，其余的三人讨论，两人谈话，或者只要有人声的地方，都可以称为开会。看你怎么想了。

最具商业价值的谎言：我是说谎的女人。

得奖者，苏菲·玛索。她居然以谎言为卖点，大书特书《说谎的女人》，还让众多书评人觉得这个标题很性感。

最便宜的谎言：有空一起吃饭。

反正总是没空的，哪怕此时信誓旦旦请对方吃满汉全席都可以。

最没想象力的谎言：公司会记住你们的努力的。

每个老板每天都在忙着画这些大饼，在精神上喂饱员工。如果你真以为公司有记性，就是你的不对了。但化悲愤为动力，努点力工作，混出个人样后再找个好人家嫁了，也不是坏事——或许公司的记性正在于此吧。

## 巫术当道

公司招聘时，有个女孩样样出色，却仍旧逃不过被淘汰的厄运。据说，是因为她天生一对泡泡眼。而那个老板认定了“泡泡眼”是多事之人。

有位做商贸生意的老板，在招聘职员的时候，最见不得女孩留长指甲，涂指甲油。他的逻辑是，这样一双用来展览的手，怎么能够做事呢？而一旦指甲油残缺了，或者指甲数日未修理了，就更不能够容忍了。他的逻辑是，能容忍这样一双惨不忍睹的手指的女人，怎么能够做出漂亮事情呢？

我们同事之间流行着这样一个相面术：从后脑勺的部位能看见下颌角的人，如果是老板，一定难搞。其典型特征是：权力欲强，喜欢揽事，爱支使人，脾气暴躁。因为现在的老板是，好几个同事以前的老板也是。

面试相人的招式，我看过很多。有在地上扔一本书，等着你捡起来的；有当面给你难堪，测性格的；还有群试的，看表现力和竞争意识。大概上有政策，下有对策，这些雕虫小技早已一一被破解。于是只好依靠经验之谈，用玄学来挡驾，据说很准。

类似的相术还有：眉梢上扬的男子，做事不踏实；走起路来手在身体前横向摆动的人，多是不思做事、专进谗言的小人；拇指指甲又宽又扁而且外翘的人，能做事，有野心，然而性格粗鄙……

为了配合相术的潮流，面试地点也该升级了。应该有个T台，表演走路姿势的，或者索性配一台相面电脑，对着显示器照一下，马上打出结果来，就像心电图一样。

而且，老板可以相职员，职员也应该可以相老板。供求双方如果能公开对等地相互挑选，倒也是件乐事。你让我走两步路瞧瞧，我让你转过脸去看看后脑勺；你让我伸出手来验指甲，我叫你把大拇指竖起来给我看一下……清清楚楚，大家放心。

## 你们办公室风水好吗？

一位自己开公司的海归最近宁可亏损两个月的房租，也硬要搬离原来的办公室，到另一个写字楼去。原因是之前的办公室没有经过风水大师的鉴定。亡羊补牢的判词是：此为阴煞之地，轻则运势低落，重则大病丧生。海归当晚就开始寻觅新址，下定决心除了搬家那天，再不踏入此地。

很难想象一个满口英文、镶着洋学历的高级人才，会对办公室的风水如此在意吧。现实中这样的人一抓一把。一位读过洋MBA的人还用学到的工商管理理论跟我分析过这种现象，得出的结论是：入乡随俗是性价比最高的一种方式。也就是说，当周遭都认为风水有很大的影响力时，如果你硬要抵抗这种影响，会付出高昂的成本，就像离经叛道的人一样。对逐利的商人来说，完全没这个必要。

他不仅用这个理论很好地解释了自己为什么请风水先生来勘查办公室的选址，而且也为他准备请寺院里的大师作法事作了理论铺垫，虽然他本是个无神论者。这个账很容易算，花点钱，请大家尊敬的人来指点迷津。信也好，不信也好，至少所有的人都知道这个地方或者这个人已经在高人的保佑中，大家都开心。至于是否委屈了自己的信仰，又算得了什么呢？不过，在描述作法事的场景时，他提到一些小法师似乎有些漫不经心，一边在念经，一边用眼角扫着众宾客，完全不在状态。但他随即为他们解释，这也许是因为法师们业务繁忙之故，他们下午还有另一场法事要做。

更多的人在用自己的亲身经历说服反风水者。一位嫁给老外的成功女性指责原来的公司风水太差，害得她怀孕两次都流产了，更可怕的是，那一年还有另外三名女同事遭到和她一样的厄运。而她到了新公司后，不仅顺利生下女儿，两年之中，还有四位女同事分别顺利生育。想来想去，这奇异的现象也只能归结于新公司的台湾老板很重风水了。而另一位自己开公司的男性朋友则信誓旦旦地告诉我，自从他听从懂风水的朋友的劝诫，把办公桌下的垃圾桶移至门背后，生意真的好了很多。

最新听到的说法是，美国世贸中心双塔被袭，是因为双塔各角有相冲的风水问题。因此这个账不能单找拉登算，设计双塔的建筑设计师也得受牵连了。

# 顶级隐私

对于狗仔队的贡献，我是推崇备至的。

很难想象，如果没有他们，我们会损失多少话引子。例如刘晓庆入狱、陈宝莲坠楼、钟镇涛破产……每一宗事件都足以引发道德、理想、情操意义上的合理延伸，让大家的聚会交谈始于刺激的八卦新闻，却终于类似于哲学的深度探讨，愉悦过后还有个高尚的回味。

据说苏永康被“看守”期间，曾向室友爆出圈中猛料若干，数位瘾君子听得来劲，竟连毒瘾都忘了犯。如此看来，八卦的魔力竟与毒品有一拼。

不过明星八卦到底是看不见摸不着的东西，网络上的几张照片最多只起隔靴搔痒之效，几天后就不会再有人惦记。真正能够解渴的猛料还来自身边的熟人：同事、朋友、同学、邻居等等。其中，又以老板的隐私为上上品。用这些料作为话引子时，估计没有人再想得起往别的意义上探讨下去，而只是一味追求细节，再详细一点的细节，并且会不自觉地反复咀嚼，永不厌倦。

我们同事聚餐永恒的话题之一是老板的同居女友。一说是本地小有名气的电视台女主持，这引起了女主持拥护者的愤懑。后者举出了许多证据，意欲还女主持的清白，并有破有立地指证幕后真人乃客户公司里某低级职员，等等。

老板的穿着也是我们关心的对象，尤其是在他对我们的衣着百般挑剔之后。有人指证他的劳力士表是三百元买的假货，理由是他总是随随便便把它摔在办公桌上，一反他吝啬的本性。

最近，我们在午饭时间又发现老板开始关注大家的隐私。常常是问问这个人：你的房子买好了没？再问问那个人：你的男朋友还好吗？搞得大家人心惶惶。

不知有谁说了句：他蛮适合去做娱记的。惹来一阵哄堂大笑。

公司的氛围，只有在这时，才开始让人由衷地愉悦。

## 艰难时刻

那是间小小的会客室，没有窗户，只穿一件衬衫仍然觉得闷热。我和同事坐等客户的到来。她来了，裹一条铅笔裙，袅袅婷婷走过来，轻轻地拉开椅子，准备坐下。就在那一刻，一记不严肃的声音响起，不一会儿，整个小房间弥漫着一股恶臭。我下意识地用衣袖遮了遮鼻子，发现客户的脸涨得通红，不自然地低下去，又左顾右盼抬起来。这时我那位精明的同事若无其事地伸出手来：是Amy吗？你好，我叫John。整个过程，只有他仿佛耳塞鼻塞，什么也听不到，什么也闻不到。接下来就是马不停蹄地谈生意。客户的艰难时刻，被我的同事不着痕迹地抹去。

以前有个惯于搞笑的同事，古灵精怪一小姑娘，处理同类艰难时刻常有神来之笔。一次没完没了的会议上，昏昏欲睡的我们渐渐被熏醒。没有人想追问这气味的源头，大家只是公然捂着鼻子，静静等待它的离去。小姑娘突然压低嗓音，用气声宣布：“我干的!”引起一阵窃笑。不一会儿，同样的事情又发生了一遍，还没来得及捂鼻子，她又宣布：“又是我干的。”

能被记忆留住的会议，很少见；让人快乐的会议也很少见。小姑娘制造的这场“气味”会议，却兼而有之。

职场中的艰难时刻还有很多很多种。有的人能化腐朽为神奇，将尴尬升华为欢快，有的人却搞得一团糟。

一个大型洽谈会上，我的老板遇见一个新上任的供应商区先生。接过名片，就对着他叫：“你好，趋先生。”显然，区先生不太满意这种叫法。他微微笑着说：“你好，我姓‘欧’，叫‘欧’远明，以后多联系。”但我的老板竟然还是没会意。继续与他说：“趋先生，我们很欣赏你们的产品……”

区先生再也无法把注意力集中在生意上了。他清了清嗓子，决定先把“姓氏”问题处理掉。他停顿了一下，很有礼貌地欠了欠身子，指着名片，对我的老板说：“这个字，念‘欧’，不念‘趋’。”我的老板当即傻掉。

直到洽谈会结束，他也没从这段艰难时刻中走出来。

## 糗事大甩卖

西方文明教育我们，不要问别人的收入、婚姻等私事，大概是有道理的。因为在一次公司午餐的时候，大伙聊得其乐融融，数人谈起自己的恋情趣事，让人捧腹。这时有人问另一人：“你呢？婚否？”后者的笑容顿时呆滞，像被熨斗烫死了一样难看。后来知道，他有过短暂的婚姻，但娇妻在结婚五个月后居然跟人跑了，再也没回来过。这段伤心事就此缠成死结，一触即发，马上给你脸色看。

糗事碰不得，说得。尤其是在当事人缺席的时候。你不说，我们来说。于是你一言，我一语，大家把这桩糗事的来龙去脉凑齐，像用碎布拼一件百家衣一样。然后各自唏嘘评论一番，比饮一顿丰富的下午茶还要满足。

西方文明也有失误的时候。偏偏有人拧足了发条，等你来揭自家糗事的盖子，好伺机来个糗事大甩卖，连同细枝末节全部都给你。哪怕你很小心地避开所有导火线，他们总能不依不饶把你拖入雷区，轰炸个痛快。

说来有趣。有的人谈起自己的糗事，比说别人的还要津津有味，娱人娱众，甚至能借此成为派对明星。出卖一点糗事，能换来这许多人格魅力，也算物超所值吧。

精彩回放一：明知道那家伙两周后就移民了，我还是跟了他两个礼拜，还指望着跟他越洋通信。你说女人傻起来真是脑子被枪打过了。哈哈哈哈哈。

精彩回放二：老板最喜欢当着外人的面骂我们笨蛋，我们都习惯了。有一次他说我们方案做得不错，吓得我们以为他有什么毛病了呢。哈哈哈哈哈。

精彩回放三：公司Party上，我跳舞的时候内衣松了，当场穿帮。我只好抱着胸、低着头冲向洗手间。别人还以为我肚子不好呢。哈哈哈哈哈。

如果第一段中的死结发生在他们身上，也许就成了这样：我老婆才跟了我五个月，居然跟她的客户跑了。早知道我就不做她老公，做她客户了。哈哈哈哈哈。

## 打卡机，No Budget!

不知哪个好事者提的议，办公室准备实行打卡制。谁知竟没了下文。经理追问行政：这事怎么忘了？行政理直气壮地答道：财务说No budget。嘻嘻嘻，我想全办公室的人都在窃喜。这大概是最让人愉快的一次超预算了。

记忆中让我愉悦的超预算事件还有一件，也是最后一件。那是一个圣诞夜，公司为了表示仁爱之心，拨出预算供大家娱乐。并且好人做到底，民主地问大家想娱乐点啥？没想到一民主就乱了套。

大部分人想吃完饭后再唱歌，但是超了公司的预算。后来公司决定放弃民主，采取集中制，把预算分给大家各自娱乐完事。那天晚上，我用这天上掉下来的一百五十元和家人看了场电影。因为是公款，特别高兴。

只是这样的惊喜多为九牛一毛。大多数时候，当满腔的工作热情碰到财务预算时，就像热脸贴上冷屁股。于是只好眼睁睁看着自己的心血在预算的压迫下一次次变形、再变形，直到从天鹅变成丑小鸭。

在策划一次推广活动时，区域总裁在项目启动会议上满面红光地宣扬自己宏伟的推广策略，惹得项目相关人员个个摩拳擦掌，不吝用最丰富的想象刺激灵感。等到热气球准备就绪，张曼玉没问题，金茂主会场OK过后，预算被全球总裁挥刀斩掉一半，于是一切重新开始。最讨厌就是这种事，耗尽了精力，不仅最后得分为零，还有一大堆屁股等着你去擦。

打卡机的预算终于有了着落，这也是意料中的事。只是我们突然发现办公室公用的速溶咖啡粉没了，下午的小饼干也久违了。原来财务迫于压力，拆东墙补西墙，于是这些可爱的小东西就变成了门口那台令人憎恶的打卡机。

# 办公桌风情

熟悉我的人，走进办公室，一眼就能指出我的办公桌。不为别的，就因为它最乱；不熟悉我的人，看到我的办公桌，就把我的性格掂量得差不离。他们多半会含蓄地问："平常不太做家务吧？"

我相信人如其桌。没办法，"性格即命运"这句话也可以贯彻到办公桌上来，藏都藏不住。

小时候读《福尔摩斯探案集》，得知神探朋友可以从一个人肘部的衣服磨损、帽子上的几滴灯油，立即判断出他的身份或经济情况，对他的观察能力十分佩服。事实上，这种观察力在职场中有时真的很重要。

比如：当你应聘一个跨国公司的职位时，如果你顶头上司的桌子十分奢华，那么，开价的时候千万别客气；相反，如果上司的桌子看上去也不过尔尔，那他给你职位设立的预算大概也不会豪华多少。有个朋友是一家英美合资跨国公司的普通职员，他的办公桌结实奇巧，据说是美国制造，一万元一张。他的薪水也是我的好几倍，因为我的办公桌市值只有一千元还不到。

成功的或者比较霸气的老板总有一张非同寻常的办公桌。比如米尔肯，美国空前绝后的垃圾债券之王，他每天就坐在贝弗利山庄宽阔的办公桌中央，办公桌呈现X形，向四面散开，当中刚容得下四个员工专门为他服务。碰到这样的办公桌，想说No的时候，还是委婉一点比较好，否则随时请你走路。

一次年终晚宴时，抠门的老板想出一个馊点子，搜罗一下大家的办公桌，然后把私人“收藏”相互交换作为新年礼物。结果他得到一位女职员的口红，而从他的桌子上搜出的唯一的私人物品是一个木相架，里面是他和太太的合影——不知被哪位可怜的人拿去了。

## 谁吃了私人饼干?

这是曾任敝公司行政经理的一位新加坡女士发给全体员工的一封E-mail里提出的问题。

原文是：“亲爱的全体员工，厨房冰箱里摆放的饼干被拆了封，并少了一半。请各位注意，冰箱里摆的是私人饼干。供员工下午茶时间食用的饼干摆放在茶具柜的右下侧。谢谢合作。”

老实说，这样一封E-mail夹在一堆语速匆匆、公事公办的商务邮件中，备感亲切，紧张的神经可以略作休憩，似乎闻到下午茶的香气。然后就开始觉得不是滋味：公司里中国员工占绝大多数，有谁会闲来无事，“偷”吃那几块私人饼干呢?

其实同类的事还有很多。这个新加坡女人的原创作品还有：会议室里的幻灯片、投影机哪去了?冰箱里有个三明治已经腐烂了，散发着不愉悦的气味，请主人速来处理，等等。如果这些小

E-mail还显得乖巧可爱，那每天早上她虎着脸站在门口监督打卡时的样子可就不敢恭维了。做业务，加班是家常便饭，整夜不归也算正常。最痛苦的是第二天上午九点还要准时跑来打卡。当然，你可以申请加班。填表！交老板批，再送交新加坡女人。完成这个程序，大概至少提前一天申请。既然这么繁琐，还是算了吧，自认倒霉。

没有规矩，不成方圆。行政经理的确是个扮黑脸的职位，很难得人缘。这也是为什么大多数业务人员不喜欢这个职位上的人的原因。但我也见过好的行政经理，深谙规事不规人之道，前提是要懂点儿业务，而不是整天纠缠在饼干和打卡上。

最有趣的是，那个“偷”饼干的贼居然自首了，在饼干被窃的第二天。自首者在回复中忏悔道：“我不知道冰箱里的饼干是私人饼干。昨天早上没吃早饭，不小心吃了一半。抱歉。”是我们中国区公司大老板。

然后，新加坡女人不久后因私离开了公司。

## 下午茶时间

彼此相熟的上班族聚到一起，一般总会骂骂老板，再抱怨一下公司。可是有一次大学同学聚会的时候，在一家美国公司就职的老同学，竟然大吹特吹他们公司文化有多么多么好，管理有多么多么人性化。让他举例说明，想来想去却只有“下午茶”这一件事。

为了不打扰他们上班，他们的阿姨总是凌晨四点就把他们的冰箱通通塞满：酸奶、果汁、饼干、蛋黄派……一部分懒人拿来当早餐，更多的人用来打发下午四五点钟肚子里青黄不接的时候。

“酸奶饼干，其实不值什么钱，而且你也不一定想吃。但公司的这份心意，还是很让人感动的！”区区几元钱的小零食，竟换取了我这位老同学的深情款款，真是合算啊！但即使这样，也有一些公司依然不开窍，有位行政经理就掰着指头算账：一瓶酸奶一块五，200名员工就是三百块，一个月二十二天工作日，算下来就要六千六……为了省钱，他把别人家的酸奶换成袋装的果珍，企图能用更少的钱达到同样的效果。

对更多的人来说，下午茶时间是个偷闲加油站。一般从早上进来之后，就开始忙碌于各人自己门前的一摊事，除了跟工作相关的几个同事沟通一下外，和其余的人几乎没有说话的机会。但到了下午茶时间就不一样了。每当有人率先从冰箱里拿了一堆诱人的食品跑到休闲区，就会引来一大批人的追随。不同部门、不同团队的人开始在这个小空间里聚集。被职业架势蒙蔽住了的本性开始渐渐流露：财务部观音脸一样的出纳原来是个喜欢冒险的人，蹦极跳、嘉年华，什么刺激喜欢什么；外表木讷的行政经理竟然听S.H.E……除了这些喜欢自曝内幕的人，别人的八卦也多从此地流出：CEO离婚后，每天光顾衡山路一带的夜店；某位销售人员在公司之外还打理着自己的贸易公司；公司里的两位看起来毫不相干的人竟是地下恋人，因为公司原则上不允许出现夫妻同事……吃饱喝足之外，还能收获比报纸的娱乐版更精彩的八卦。被大半天的工作折磨得萎靡不振的精神顿时被“激爽”。

但这种种快乐只有相处默契的同事才能体会到，而且好戏也不是天天都有。更多的时候，下午茶还是程式化的，寒暄一下，吃完喝完走人，就像一成不变的办公室生活，上班、下班，开电脑、关电脑。于是，如果令人愉悦的开心果同事也碰巧有空一起喝下午茶，一天的工作日顿时燃起熊熊生机，就像结婚狂碰到白金男人的媚眼一样。

## 我的弱智老板

大学里的老板是导师。

一位教新闻采访的老板，一辈子只采访到一位名人，叫关牧村。十几年如一日，颠过来倒过去讲这段奇遇，并臆想出种种当时他没有问的问题，或当时并不存在的困境，演示采访技巧。他最为得意的一个问题是：“您为何选择蓝色礼服出场？”据说这代表记者的艺术修养，有助于提高稿件的审美情操。同学都很不解：这样的新闻，写给谁看呢？还有一个老板更可笑，提到斯诺的《西行漫记》，直夸作者的文学素养，对这位美国记者民俗化的语言更是赞不绝口，比如文中竟有“歇脚”这样原汁原味的俗语，真是地道呀。同学纳闷：难道中文版本不是翻译过来的吗？

进杂志社，老板是社长。大概是不懂业务吧，只能天天讲节约。他最常说的话是：“就算在外资企业，也不能浪费！”最常举的例子是多年前去北京出差时，灵机一动买了月票。当时遭到领导的批评，骂他浪费。但一个月算下来，比一次次零买公交车票便宜许多，于是得到褒奖。有次去深圳出差，时间很紧。他建议我先坐火车去无锡，再从无锡乘军用飞机飞惠州，然后转乘巴士去深圳。据说是时间与经济的最佳组合，还批评我说：你看看你，只晓得上海直飞深圳。换作我，脑子早转了四圈了。

卖身资本主义后，发现资本家果然不浪费。100平方米能挤得下时，绝不会租101平方米的房间。只是往往错估公司的发展，刚搬完家，就发现新招的职员无处落脚。于是拆掉会议室，去掉茶水间，连走道里也坐满了人。又觉得不够体面，怎么办呢？再搬。进公司两年半，连搬三次家。每次数十万的装修费就打了水漂。为了节约，能折腾成这样，真是服了他了。

## 告别演出

大公司里，辞旧迎新乃家常便饭。常常是大家还没搞清楚一个人长什么样，就收到人事部统发的此人的离职通知。标准格式如下：

“亲爱的各位同事，由于个人发展原因，某位同事将于某月某日离职。我们对他的出色工作表示感谢，并衷心祝愿他在事业上取得更辉煌的成就。”

整个辞职过程，只有直接老板最清楚。其余同事多是在他离职当日的下班前才被通知。辞职的人，大多是静静地离开的，除了少数喜欢大搞告别演出的人外。

某软件公司的一个捣蛋鬼在离职前写了封洋洋洒洒的战斗檄文，讨伐他们中国区的老总。信上列举了这位中国区总经理的十大罪行，包括只喜欢提拔拍马屁的小人，而对于像他那样不擅辞令的人则冷眼相待；擅长把员工的创意据为己有，向上邀功请赏；缺乏领导能力，仅有的所谓组织能力无非就是利用员工的周末假日排练为他个人歌功颂德的歌舞节目……

这篇言辞犀利的檄文有中英文对照版本，发送给中国区所有同事，并抄送给美国总部的高层老板。

难以想象，隔了一个太平洋的大老板看到这封没头没脑的信会是什么表情。这种少见的离职邮件理所当然成为大家茶余饭后的讨论热点。有为他叫好的，有嫌他夸大其词的，还有人跳出来说他其实也就资质平平，受不了压力才走的。私下里，人人在议论，然而没有人回复这个邮件。这个“不擅辞令”却善于抱怨的员工自导自演了一支离职独舞。

最不堪的一出告别发生在一个网站主编身上。当他得知被解聘后，第一件想到的事居然是借发票。这个神人在半天之内向不明就里的同事们筹来三千元的发票，领走了他在这个职位上的最后一笔报销。

有意思的是，其实这个主编才来不到一个月。如果没有筹集发票这一幕，也许还会有人替他鸣不平。现在全公司都在赞叹大老板的英明果断。

职场的舞台上，就连默默无闻的小龙套也可以借告别演出一鸣惊人。

一个工作了两个月的实习生，成功地拿到实习鉴定后，在网上写了封恶长的批评信，对公司制度、公司员工、公司管理层狠狠地痛斥了一顿：

“项目经理居然连专业都不懂，真不知道是怎么做到这个位置的。很多员工个人能力低下，天天加班到晚上十点，却并未看见什么业绩。最可笑的就是所谓的头脑风暴，一帮子人在一起扯淡，还自以为很有创意……”

事实的情况是，每次头脑风暴会上，这个实习生总是木着脸坐在那里。所有人都以为他没什么想法，谁知木呆呆的表情下，竟藏着如此剧烈的情感风暴，让人心惊胆寒。

## 职场“大忽悠”

对“皇城根儿”的“北京大爷”的抱怨，我听到过好几次。抱怨的项目通常是：爱吹牛——不经意地披露自己认识大官或大企业家，并暗示或明示自己能够运用和这些VIP的关系，搞定别人搞不定的事；好揽事却不负责任——口头禅是“包在我身上”，然后就不了了之；没有时间观念——永远不要期待他们在规定时间内交出该交的活儿。之所以抱怨，是因为吃过他们的亏，一不小心把事情真的交给这些不靠谱的主儿了，然后自认倒霉，花九牛二虎之力忙着擦屁股，并发下毒誓：再也不相信这些不靠谱的人。随着年龄和阅历的增加，职场人的面相会随之变得混浊而复杂，这些不靠谱的“大忽悠”应该为此担负起部分责任。

当然，“大忽悠”绝对不是“皇城根儿”的特产。在被认为“更具专业精神”的上海，我也被不靠谱的人“忽悠”过几次。一位看上去挺诚恳并且宣称自己有写作热情的撰稿人为了不交一篇稿件编了十几个理由，先是因为在跑步机上摔得小指骨折了，后来则是手机掉在马桶里，联系不到我，再后来是被领导临时发到外地出差，再再后来是换了工作……我在最后一两次致电给她，佯称“追稿”时，已经完全是抱着试验心态外加好奇心理——这次又是什么奇遇呢？真是可惜了这个人才，以她编故事的能力，完全能够成为中国的斯蒂芬·金。

有意思的是，这些不靠谱的职场人，永远都有办法找到一份靠谱的工作，并且都活得很滋润，就算是频繁地换工作，也常常给人意想不到的惊诧。一名以光说不练闻名的“海归”在换了几家公司后，最近又以某欧洲公司驻华代表的头衔出现在社交圈，而且又搬了个更贵的公寓。她的“忽悠”经典是，面试时被要求写的“行业展望与新机会”之类的方案，是委托一个熟人代劳的，而非常不走运的是，她的熟人又是个爱吹牛的大嘴巴。

更有意思的是，就算是明明知道有些人被公认为“忽悠”，总有一些职场高手愿意充当救世主，挽救这些带有明显人格缺陷的“人才”。不是说天才都有弱智的一面吗？同理，被贴上“忽悠”标签的人很可能都是人才。虽然这个逻辑犯了“天才都有弱智的一面，而弱智未必有天才的一面”的错误，但救世主们往往是主观坚定不容置疑的。最近我听说一位以行为不检点——经常发生错拿公司“样品”之类的小失误——著称的公关广告界人士，又成功地转到一家很靠谱的美国公司工作，而且谋到了一个相当不错的职位。招他进去的人，正是业界很受尊敬的一位资深人士。怎么你们都觉得他是“忽悠”吗？告诉你，在我面前，他就偏偏不是。气死你！工作上被肯定得多了，烦！也想体验一下感化别人的快乐。就像《辛德勒名单》里的德国军官一样，杀惯了囚犯，就想体验宽恕囚犯的快乐。

对此我的推测是，也许被贴上标签的“忽悠”们是选择性“忽悠”，利害关头，他还是能够表现出“靠谱”的言行的；人有很多面，我认识的他只是他“不靠谱”的那面。但也有人认为，是因为中国市场太大，人太多，就算打一枪就跑，也够“忽悠”们活一辈子的了。哪种原因更靠谱其实并不重要，重要的是眼下的中国职场确实能够容纳得下这么多类型的人，专业的，靠谱的，不靠谱的，忽悠的，一本正经的，不太正经的……从而让职场话题生生不息。

## 名片的卖点

我的名片“长相”很老实，从上到下印着公司的名称、Logo、姓名、职位以及各种联系方式。对于大多数派发对象来说，我也许就等于公司的这个职位，如果我跳了槽，这张名片就寿终正寝了，取而代之的是这家公司出品的另一张名片，除了名字外，其余条目基本不变。而我本人则随着名片的消亡从别人记忆中淡出。然后，再以另一家公司的另一个职位出现在另一些人的记忆里。

这些略显悲观的想法，被一位女士彻底改变了，不为别的，只为她那独特的名片。

那张名片的特别之处，是名片的正面除了正常的文字，还有一张彩照，足足霸占了一半的地盘，画面是一名系着红领巾的小女孩在向周恩来献花，周围则是斗志昂扬、载歌载舞的红卫兵。正当我丈二和尚摸不着头脑的时候，她笑指这张照片："怎么样？能认出这个小女孩吗？她就是我呀！"就在那一瞬间，她在我记忆中永恒了。虽然她的职业、姓名、职位早已被记忆过滤，但她那一刻的音容笑貌以及那个献花的小姑娘清晰如昨。

我还见识过其他一些有趣的名片：

有位台湾同胞，在司空见惯的什么经理、董事的头衔下，别出心裁印了一个身份——"台胞"，让人耳目一新。从此后，他在众多台湾商人当中脱颖而出。其他的人一律被叫做"台巴子"，只有他被敬称为"台胞"，好像其他的人不是台胞似的。名片的创意功不可没。

相比起天天熏陶在现代商业氛围中的都市人来说，落后地区的人似乎更会寻找卖点。在一个研讨会上，遇到一位农民企业家。他的名片至今被我珍藏，因为在他的名字下印着"富有远见的农民企业家"。单单为了这份胆识和气魄，也要为他喝个彩！

## 职业失恋者

有幸认识一位擅长写情感小说的女作家，30岁左右，相貌平平，却艳福不浅，经常与财貌俱佳的杰出青年交往。但或许是佳人难逢，抑或是她要求太高，感情总不尽如人意。她于是也不断地陷入失恋。不过，每次失恋后，她总能和着悲痛欲绝的心情，写出一段段撩人心弦的奇情故事，令人叫绝。

终于有一次，梦中情人来了。男主人公几近完美，无论才情、资产还是体魄都堪称极品，令人艳羡。不料，女作家快快乐乐享受了半年的爱情后，突然又宣布和平分手了。

原来，被幸福笼罩的她，几乎失去了创作能力，再也写不出凄美的文字。这使得她不得不面临另一种痛苦。

一边是失恋的痛苦，一边是失业的痛苦，想来想去，还是选择失恋吧——为了事业。这个故事，客观地叙述出来，就是这个样子。但通过当事人的表现，或者别人添油加醋转述后，便完全是另一种意境：所有接到女作家电话的人都会被她那凄苦到绝望的嗓音吓得毛骨悚然，恨不得立即冲过去阻止一桩奇情自杀案的发生。

我真不知这位作家朋友是否真的如她表现出来的那样痛苦，或者，她只是在把想象中的痛苦情状身体力行地重现出来。

这一次的失恋，她很“敬业”，绝食了三天，被朋友送到医院输液去了。然后，当然康复了。再接着，又一部长篇爱情巨著问世了——事业上的又一个辉煌。

朋友失恋了，很痛苦，你一定会去安慰他，不要紧，前面会有更幸福的爱情。碰到这样的职业失恋选手，你如何开口呢？用上述的安慰词吗？或者，干脆实际点，对她说：恭喜恭喜，下一篇作品又有猛料了。

## 愿嫁快递郎

我们的快递是in house的，每天朝九晚五端坐在前台外的椅子上，随时等待我们的召唤。

快递知道我们的家庭住址和电话，有什么文件或公务用品不小心丢在家里了，使个眼色就可以帮我们拿回来。快递还有我们工资卡的密码，他们甚至知道我们分别习惯一次取多少钱。只要把卡递给他即可，一个字也不必说。

不是我们懒，而是公司愿意帮大家省却车马上的时间，因为我们的工作时间，在给客户的报价单上，是以美元/小时计算的。用这样的价格跑路，实在让公司不安。因此，只要不必亲自莅临的，一切由快递代劳。

开始觉得挺舒服，笑吟吟用起这项福利，让快递帮忙送文件、取汇款、买食品，坐享写字楼白领的矜持。后来真的变懒了，一些母亲父亲开始叫快递去接送自己幼儿园的孩子；一个单身女职员邀请了一个平头整脸的快递郎充当男伴出席一个商业Party，据说是时间匆忙，而男友又有应酬，想来想去，还是快递比较可靠，到底是自己人。

不久前，对快递郎功能的开发又有了新突破：月入三万的女部门主管索性嫁给了快递头子——这家快递公司的创始人，一个体健貌端的壮小伙。情事曝光那天，女主管一脸幸福地说："懒得再玩下去了，嫁掉算了。"在一圈才俊中兜兜转转了若干年后，恍然发现，下半生的幸福只有快递郎可以寄托。

如果你觉得女主管是下嫁了，那就错了。她的感情际遇让周围数十个大龄女子嫉妒得跳脚。虽然快递老板只有初中学历，人手不够时还要自己亲自披挂上阵，风里雨里递来递去，但大小也是个老板，手底下有五个兵，脚底下有部二手富康。早上可以开车和太太一起上班，晚上一起回家，中间随时处于候命状态。这样的老公，兼具体贴、英俊、年轻、事业成功、听话、随叫随到、全天候陪同等特质的，这个星球上能有几个？

可惜已被女主管先下手为强了。跳脚归跳脚，到底怪自己醒悟得太迟。不过女单身们自此多了个择偶灵感，不知又能开发出什么样的郎君来。

## 20世纪80年代的应聘者

第一位：女。迟到四十分钟。为什么晚了呢？约得实在太早，起不来。可是明知道起不来，为什么还要约在这时呢？我怕误了你的事，而且我以为自己起得来的。为什么不提前打个电话呢？本来想打的，可是都快到了，就没打……

第二位：男。来了就问：我可以不坐班吗？时间可以相对自由点，但还是要坐班的。可是我喜欢自由自在一点。你有年假呀。年假可以放两个月吗？没那么长。那算了吧，我还不如照现在这样干自由职业呢。

一点不愿受约束，大概只能做做自由职业了。

终于来了个有从业经验的小伙，也愿意接受坐班的条件。但坚持要做技术总监。你的从业经验太短，现在没可能做这个职位的。可我做这行都两年了呀，这样都不能做，那什么时候能做呀？你可以先从业务做起嘛，慢慢来。那得什么时候才能让我坐这个位置呀？就这样眼睁睁地看着他走了。后来知道，有家小公司给了他这个职位，虽然薪水还没我们给得高。

第四位，女。改了三次面试时间。第一次是：对不起，我们学校下午突击考试。第二次是：不好意思，我的实习单位要我过去一趟。然后：我得去我们乐队练歌。她第四次要改的时候，被制止了。对她说不必再来面试的时候，她不解地问：为什么呀？

为什么呀？好像不该是她问呀。

总算有位20世纪80年代的佼佼者通过面试，上了班。第三天，突然消失。第四天下午接到电话：出了点事，不想来上班了。为什么呢？私事，不说也罢。没关系，不妨说来听听嘛。其实也没什么，但心情很不好，真的不想来了，我真的很抱歉。后来知道，是因为失恋。

对于他们，工作到底是什么？比起睡懒觉、比起失恋的感觉、比起自由自在、比起课余的乐队、它简直什么都不是。这些80后的小孩早就看开了。

只留下我们这一帮呆子，还以为自己很成功。

# 开着宝马来打工

那天加班，我去创意部门开会时，听到一个女孩对着话筒说："今天我要加班，不想开车了。你过来把我的车开回去，等会儿过来接我。"受话者是她家里的司机。直到那天我才知道，楼底下让我侧目过若干次的明黄色宝马原来是她上班的代步工具。

为客户创意，是件痛苦的事情。这意味着你的创作经常要屈服于客户的意志，虽然你已经遵循了客户事先提出的要求。上班，更是件痛苦的事情，头天晚上披星戴月从公司回家，还没睡醒就又要回到那个鬼地方时，你简直要质问生活到底有什么意义。

在创意部门听到的最多的话大部分是从牙缝里挤出来的："看在钱的份上……"或者："走着瞧吧，等明天咱有钱了……"

后来我知道这个女孩是学设计出身，也曾有过"牙缝里的愿望"。幸运的是，她老公走了财运，美梦顷刻成真。在家里歇过一年，搞过不受任何形式的物质意志强制的创作，自由自在地活了一年。结果发现，自由创作是件更痛苦的事情，自由生活更是茫然不知所向。于是情愿到公司里来上班。用她的话说："毕竟，客户有时还是能接受你的创意的。尽管罕见，但足够让人快乐了。"

她很幸运，可以没有任何物质负担地选择工作。但很多有物质负担的人依旧自由地选择喜欢的工作，甚至生活的城市，尤其是二十出头的那群活蹦乱跳的年轻人。一次，我的台湾老板强迫创意组的一个21岁的男孩到北京工作一段时间。男孩在电话里正告她：

"我觉得上海更适合我。"老板下不了台，威胁道："不行，你必须来北京工作。"男孩说："如果是这样，那我只能辞职了。"第二天，就背着行囊离开了公司。

一个朋友曾经感慨：人他妈的为什么要工作呢？这的确是个问题。你被工作选的时候，这是个问题；工作被你选的时候，这还是个问题。

## 裁员期间的怪现象

按道理，被裁员绝对不是件好事。但我以前的同事一直为我错过了那次裁员的机会而抱屈。

那是2000年网络泡沫白热化的疯狂之时，眼看着公司的盈利模式并不像吸引风险投资时的演说那般言之凿凿；大家开会时开始对pageview（网络页面浏览量）和revenue（收入）之间是否存在发生关系的可能性表示疑惑；而公司吸引来的7000万美金只见出去，不见回来；为了细水长流，高管层已向全体员工表态，节约起见，国内航线一律改乘经济舱……我开始为这个公司的前景，不，更主要是为了我个人的前景担忧。在公司大规模裁员的前一个月，我找到了一份新工作。在我发完辞职信的十分钟后，收到人事部的回复：如果你不介意的话，当天即可以是最后工作日。虽然我有点介意，毕竟我是按提前一个月通知的规定做的，但还是耸耸肩接受了。就当不拿薪水休息一个月呗。谁知戏剧化的场面发生了，一个月后，公司裁员1/3，被裁员的人拿着三个月薪水走人。当时我的同事在网上对我说：傻了吧你！再撑一个月就能拿到遣散费了。

很遗憾错过了这么隆重的裁员待遇。

不久前一位任职项目总监的朋友被所在的投资公司裁了，因为投资的项目不景气，公司决定关掉这个项目，第一个就想裁掉薪金水平最高的项目总监。裁员的条件并不苛刻，也是拿三四个月薪水走人那种，整个事件也属正常，项目开开关关，常有的事。有趣的是老板对项目总监的表演，一通掏心掏肺的谈话。老板痛心疾首地说：你是人才，是这个行业的精英，眼下这个项目没什么前景，我们不能耽误你的前途，等等。说得项目总监感动得要哭。

拿了遣散费的精英果然在两周后找到另一个体面的项目总监的职位。想起前老板当时对员工的善良用心，项目总监决定帮助更多的前同事找到更灿烂的前途，也算是对善良的前老板的报答，于是从那个行将倒闭的项目组挖来两位前同事。没想到这使得当初那位为下属英雄无用武之地而痛心疾首的老板暴跳如雷，指着项目总监的鼻子大骂：你也太没良心了！居然来挖我的人！

原来项目虽裁了，老板却已经用减薪的方式支使那些职位相对初级、找不到其他出路的员工做其他的事。正在为人力资源成本又缩减了一块而窃喜时，居然有人来挖墙脚，真是岂有此理。

至于这个老板在裁员期间对项目总监说过的话，估计早就忘得干干净净，只记得赶走了一个薪水是其他员工十倍的主儿，爽啊。

## 刹那真诚

我相信再坏的人也有好的时候，再虚伪的人也有真诚的时候，再讨厌的人也有可爱的时候。而且，在职场这个无处不名利、无时不算计的舞台上，表现得更鲜明。

有个同事因为做事过于功利招致大家的反感，因而成为取笑的对象。在一次公司内部聚会上，不知道他是因为压力过大需要发泄还是老板劝酒不好推辞，竟然喝醉了。马上有促狭鬼围过来与他猜拳，赌注是，谁输了就走到一位女同事那里大声说一句：我爱你。第一轮，促狭鬼输了，于是随便逮了周围一位女同事，估计是同谋吧，嬉皮笑脸说了一句完事。第二轮，功利的人输了。只见他脸憋得通红，平时溜须拍马的拿手好戏不知溜到哪去了，然后低头想了好久，终于，他站起来，径直朝坐在角落里的一位女同事走去，她是财务部的一个会计，除了发工资和报销，很少有人会想起她。

只见他走到她跟前，说："我……爱你。"后面两个字估计连他自己都听不见，然后就跑开了。

谁也想不到会是这样一个场面。

但这位功利的同事自此转了型，成为所有女同事心目中的情圣。就连他的功利，也被谅解为“为生活所迫，人之常情嘛”。而且，有趣的是，那个会计现在已成了他的太太，据说是个标准的贤妻良母。

据可靠的版本，他是真的喜欢这个会计的，只是平时忙于算计升职加薪，一到办公室就进入功利状态，哪有机会示爱?

而那天正好给了他这个机会，再加上三分醉，连示爱时惯有的窘态也可以一并遮掉。

有时真让人疑惑，他是真诚了一把，得到了爱情和一个好太太呢，还是坚持了一贯的功利路线，抓住机会，顺便真诚了一下，谋夺了一份爱情和一个好太太呢?

管不了那么多啦，至少，他在说这句话时，还是真诚的吧。